El Tribunal Del Santo Oficio De La Inquisición En Las Islas Filipinas – Primary Source Edition

José Toribio Medina

EL TRIBUNAL

DEL

SANTO OFICIO DE LA INQUISICIÓN

EN LAS

ISLAS FILIPINAS

POR

J. T. MEDINA

SANTIAGO DE CHILE
IMPRENTA ELZEVIRIANA
MDCCCXCIX

A don Claudio Pérez y Gredilla, dignísimo jefe del Archivo de Simancas, dedica el presente estudio, en reconocimiento á las atenciones que siempre dispensó á este su amigo afectmo.

José Toribio Medina.

ADVERTENCIA

Las páginas que van á leerse forman en realidad parte de la *Historia del Tribunal del Santo Oficio de la Inquisición de México*, á cuya jurisdicción, según hemos de verlo pronto, estuvieron sometidas las Islas Filipinas. Mas, como de tratar lo relativo a éstas dentro del cuadro general de aquella historia, lejos de uniformarla, vendría á hacerla parecer como un mero apéndice, distrayendo la atención del lector y acumulando materias, aunque similares en su fondo, completamente desligadas entre si por las circunstancias de lugar, de hombres y acontecimientos; creyendo que el tema que nos proponemos tratar ganaria en claridad é interés, hemos procedido á segregar de dicha *His-*

toria los incidentes tocantes á las Filipinas para presentar en un solo cuadro un breve resumen de lo que fué allí la Inquisición.

Todo, absolutamente todo lo que vamos á contar está fundado en los documentos que existen en el Archivo general de Simancas englobados dentro de la sección rotulada «Inquisición de México.» Habríamos podido dar mucha más extensión á estos apuntes, transcribiendo á la letra, como hemos procedido al historiar la Inquisición en Lima y en Chile, los antecedentes que nos han servido de base para redactar estas páginas, pero para ser creidos nos ha parecido bastante en este caso, con una sola excepción—la causa de D. Diego de Salcedo, que por su importancia lo merecia—citar al pie de nuestras aserciones los documentos en que nos apoyamos, dejando á otros aquella tarea, ya que para nuestro objeto era en realidad secundaria en este caso, puesto que salimos de la órbita de nuestros estudios,—la historia y la bibliografia de la América española—la cual hemos querido simplemente no dejar incompleta, como habria quedado si hubiéramos prescindido de las Islas Filipinas, ligadas á México especialmente, por vínculos del comercio y de la administración civil, militar y religiosa. Tal ha sido en este caso el único propósito que hemos tenido en vista, según lo dejamos ya insinuado por lo tocante á la bibliografía en los dos libros que hemos publicado relativos á aquellas Islas.

Como pudiera echarse de menos en este estudio nociones sobre lo que era el código de procedimientos del Santo Oficio, cuyo conocimiento es en realidad indispensable para darse cuenta cabal de algunas causas de fe y de las penas impuestas á los reos, ya que no podemos entrar al presente en tales detalles, debemos referir al lector que desee conocerlos á lo que sobre el particular hemos contado en nuestra *Historia del Tribunal del Santo Oficio de la Inquisición en Lima.*

Apenas si necesitamos decir que la materia de que vamos á tratar era absolutamente desconocida hasta ahora, como que ni en las crónicas de las Ordenes religiosas ni en libro alguno antiguo ó moderno se halla el menor rastro siquiera de lo que había sido el Tribunal del Santo Oficio de la Inquisición en las Islas Filipinas.

CAPITULO I

En Filipinas no hubo causas de fe antes de la fundación de los tribunales de la Inquisición en América.—Erección del Tribunal de México, á cuya jurisdicción quedan sometidas las Filipinas.—Motivos que se tuvieron presentes para esta resolución.—Causa por la que en un principio no se nombró comisario de la Inquisición en las Islas.—Es designado al fin para ese cargo Fr. Francisco Manrique.—Escasos datos biográficos que nos han quedado de este fraile.—Instrucciones que se le enviaron.—Dificultades surgidas entre el Comisario de la Inquisición y el obispo Fr. Domingo Salazar.—El Tribunal de México ocurre al Consejo General de Inquisición denunciando los procedimientos atentatorios del prelado.—Se dirige al Rey con el mismo objeto.—Victoria alcanzada por la Inquisición en este conflicto.—Carta del Tribunal en la que consta el detalle de los procesos de fe iniciados por el obispo Salazar.—Noticia de la causa de fe seguida al regidor Diego Hernández de Vitoria.—Los primeros reos de Filipinas que salen en auto público de la fe.

ACONTECIÓ en América que antes de fundarse los Tribunales del Santo Oficio, los obispos, como inquisidores ordinarios, procedieron á procesar, á condenar y aun á quemar á los que hallaron culpados de la herejia.

No poseemos respecto de las Filipinas antecedentes bastantes para afirmar si en ellas sucedió otro tanto, si bien casi con certidumbre puede asegurarse que con anterioridad á la fecha del establecimiento de la Inquisición no hubo allí procesos ni mucho menos auto de fe.

Es cierto que circunstancias especiales favorecían en las Islas el desarrollo de la herejia, como que era pais recién descubierto, sin autoridades arraigadas, y frecuentado por gentes de diversas naciones, especialmente portugueses, que tanto en qué entender dieron después á los ministros de la Inquisición.

Pero, en realidad, apenas si habia materialmente tiempo para que allí se desarrollase el germen de los errores condenados por la Iglesia.

Empezada la conquista de Filipinas en 1566, erigida Manila en ciudad por López de Legazpi á mediados de 1571, estuvo en un principio la administración espiritual de las Islas á cargo de los religiosos de la orden de San Agustin, cuyas facultades no alcanzaban naturalmente á instaurar procesos de fe.

A lo que se agrega que la población española, al cabo de diez años de la erección de Manila en ciudad, era sumamente escasa todavia, y que el primer obispo se hizo cargo de la diócesis después de fundado ya el Tribunal de la Inquisición en México; de modo que, por todo esto, lo repetimos, lo más probable, casi seguro, es que en las Filipinas no hubo causas de fe antes de la llegada del obispo fray Domingo de Salazar.

Por motivos que no es del caso referir en este lugar, Felipe II, por real cédula de 25 de Enero de 1569[1] mandó establecer los Tribunales del Santo Oficio en Lima y en México, asignando á aquél como distrito de su jurisdicción, toda la América del Sur, y al de esta última ciudad el virreinato de su nombre, los territorios de Guatemala, Honduras, Costa Rica, las Antillas y asimismo las Filipinas. No tenemos para qué transcribir aqui el texto integro de la real cédula de fundación del Tribunal de México, bastando à nuestro intento manifestar el hecho que dejamos consignado.

Esa real cédula la firmó Felipe II en Madrid, á 16 dias del mes de Agosto del año de 1570, desde cuya fecha, por consiguiente, ó desde que se hizo notoria en Filipinas, que debe haber sido unos cuantos meses después, cesó alli, al menos en el derecho, la jurisdicción ordinaria episcopal para ser reemplazada por la especial del Santo Oficio; mejor dicho, ésta precedió á aquélla, puesto que la erección del obispado se verificó con posterioridad á la del Santo Oficio.

A pesar de la enorme distancia que separa á México de las Filipinas y que en aquellos años en que las comunicaciones entre ambos paises eran dificultosisimas y no menos tardias, no debe sorprendernos el que quedasen formando parte del distrito de la Inquisición de aquel virreinato. México era en aquellos años, como lo siguió siendo después hasta los comienzos de este siglo, la via ordinaria de comunicación con el archipiélago malayo. Las flotas espa-

---

1. Ley primera, tit. XIX, libro I de la *Recopilación de Indias*.

ñolas llegaban á Veracruz, y los pasajeros y mercaderias destinados á Manila debian atravesar todo el continente americano en aquella latitud, de poniente á oriente, para llegar al puerto de Acapulco y embarcarse alli nuevamente para cruzar el Océano Pacifico. Era cuestión de meses y á veces de años enteros, pero era la ruta más corta y la única entonces seguida. De aquí que las autoridades de las Islas fuesen puestas bajo la inmediata dependencia del Virrey de México, y que las Ordenes religiosas estuviesen igualmente sometidas á los provinciales mexicanos. Así, pues, queda explicado el por qué el Rey hubo de incluir en el distrito inquisitorial de México sus remotos dominios de Filipinas.

Luego de establecido el Tribunal en la capital del virreinato, sus fundadores creyeron que era llegado el caso de nombrar comisarios para todas las ciudades del distrito que les estaba sometido, tarea en la que hubieron de pensar desde el primer momento, como que aquéllos eran sus inmediatos delegados y sus principales ministros donde no alcanzaba su vista. Pero respecto de las Filipinas no sucedió lo mismo. Transcurrieron largos años y aún los inquisidores no pensaban en nombrar comisario para las Islas. Más todavia: cuando el obispo don Fr. Domingo de Salazar pasó por México en 1581 para ir á hacerse cargo de su diócesis de Manila, ni siquiera trataron con él el punto, á causa, según expresaron después, de ser «aquella tierra nueva y tan poco poblada de españoles.» Bien pronto tuvieron ocasión de arrepentirse de tal descuido, porque no contaron con que ese mismo prelado, luego de arribar á su destino, [1] iba á proceder de su cuenta en las causas de fe, desconociendo de hecho la autoridad inquisitorial. El obispo habia tenido sin duda ocasión de presenciar de cerca en la capital del virreinato el prestigio y el poder que tenia y el miedo que inspiraba el Santo Oficio y resolvió desde entonces, en llegando á su diócesis, rodear su persona y dignidad episcopal de los mismos atributos. Sólo cuando tuvieron noticia de los procedimientos del obispo, que eran verdaderamente atentatorios de la jurisdicción del Tribunal, se apresuraron á enviar, en los comienzos de 1583, el titulo de comisario al agustino Fr. Francisco Manrique.

Sumamente escasas son las noticias biográficas que podemos dar del primer comisario de la Inquisición en las Filipinas. Grijalva, el cronista de la Orden de San Agustin, de ordinario tan noticioso en todo lo que toca á la historia de los agustinos en Filipinas, se limita á decir que Manrique pasó á las Islas por el año de 1575; [2] y más adelante al referir los sucesos del trienio que comenzaba en 1581, añade que nuestro fraile «puso religiosos en Batangas, quedando por vicario provincial.» [3] Pero ni una palabra más de su vida, la que, en vista del cargo con que Manrique fué honrado por la Inquisición merecia, por de contado, algunos detalles. Silencio que se explica quizás porque el mismo cronista ignoór en absoluto el cargo que tuvo Manrique.

Fr. Gaspar de San Agustin, que también lo igno-

---

1. En Marzo de 1581, según lo asevera Fr. Gaspar de San Agustin, *Conquistas de las Filipinas*, p. 381.

2. *Crónica de la Orden de S. Agustin*, México, 1624, hoja 152.

3. Id., hoja 171.

ró, es un poco más explicito que su antecesor, pues nos dice que aquél era «religioso de mucha virtud y letras», hijo del convento de Valladolid, y que arribó á Manila el 24 de Agosto de 1575. En otro lugar añade que en 11 de Septiembre de dicho año fué nombrado prior de Ogtong, en reemplazo de Fr. Martin de Rada, que estaba en la China. [1]

Junto con el nombramiento de comisario para el padre Manrique, los inquisidores le enviaron las instrucciones [2] á que debia ajustar sus procedimientos y escribierón al Obispo diciéndole que cuando habia estado en México no designaron comisario por las razones que acabamos de indicar; pero que después de llegado á su diócesis hubiese procedido como inquisidor, «nos ha dado cuidado, le indicaban, y lo ternemos hasta saber el fundamento que V. S. ha tenido;» previniéndole que habian designado como comisario, para remedio de lo de adelante, á Manrique, «á quien suplicaban le conociese como tal, le favoreciese y le entregase, por fin, los procesos que tuviese iniciados». [3]

---

1. *Conquistas de las Islas Filipinas*, p. 309.

Al revés de lo que pasa con Manrique, las noticias biográficas del Obispo Salazar abundan en las Crónicas de la Orden de Santo Domingo de los padres Aduarte y Santa Cruz, á las cuales remitimos al lector que desee conocerlas. Las últimas biografías de Salazar son las que han publicado el doctor León al frente de *Un impreso mexicano del siglo XVII*, Morelia, 1888, 8.°, y Retana en la página 614 del tomo II del *Estadismo* del P. Martinez de Zúñiga, Madrid, 1893, 8.°

2. Como estas instrucciones responden al verdadero código inquisitorial dictado para las Islas, nos ha parecido conveniente reproducirlas integras, insertándolas al fin del presente estudio.

3. *Carta de los Inquisidores*, fecha 1.° de Marzo de 1583.

Con fecha 8 de Septiembre de aquel año, contestaba el Obispo á los Inquisidores reprochándoles que no hubiesen tratado con él el asunto; que por eso se fué con el pensamiento de que su distrito no estaba comprendido dentro de la jurisdicción del Tribunal; y en lo de recibir al comisario «parecióme, expresaba, que, antes de lo admitir, se debian mirar muy bien los inconvenientes que podria haber, que su comisión no le pareció bastante para introducir en esta tierra un oficio nuevo.»

«Certifico, decia por su parte el comisario, que si este negocio se ha de llevar adelante, que sólo un tilde que falte en los recaudos que V. S. envia al comisario, se lo han de poner á litis;» que por horas se esperaba que el prelado hiciese auto de fe; que se hallaba favorecido de los franciscanos, de los eclesiásticos y teatinos, y en especial del P. Alonso Sánchez, [1] quien ponía en escrúpulos de que pecaban mortalmente los que le reconociesen por comisario. «Y yo más, decia Manrique, arrimándose á su teulugia, porque ninguno dellos sabe cánones ni leyes, ni el señor Obispo menos;» que le propusieron que elijiese dos personas para que resolviesen el caso, «é yo

---

1. El P. Alonso Sánchez nació en Mondéjar en 1544, ingresó á la Compañía de Jesús en la Provincia de Toledo, profesó en Alcalá en 1563, y después de haber servido el cargo de rector del Colegio de Navalcarnero, pasó en 1519 á Nueva España, y de alli, al año siguiente, á Filipinas; en 1582 á la China, al Japón y á Malaca, para volver á México en 1586 y seguir luego á España y Roma, donde residió tres años é hizo en 1589 su profesión de cuarto voto. Falleció en Alcalá de Henares el 27 de Mayo de 1593. Véase Guzmán, *Historia de las Misiones del Japón*, t. I, pp. 332-42.

Acerca de las obras de este jesuita véase nuestra *Bibliografía Española de Filipinas*, pp. 77-78.

2

sabiendo que en toda la tierra no habia ningún legista ni canonista que se pudiese llamar tal, por me evadir dellos, les dije que diesen un canonista y otro legista, que yo lo pondria en sus manos, porque en jurisdicción saben poco los teólogos; y asi no se hizo nada.»

Mientras tanto, al licenciado Juan Convergel Maldonado por haber afirmado la opinión de Manrique, dice éste, «se lo sacaron por fuerza de su monasterio y le llevaron á són del Santo Oficio, y esto con gravísimo rigor y prisión por tal.» Y á Benito de Mendiola, «que fué á notificar al Obispo los recaudos, le mandó prender y echó donde tenia presos de Inquisición y hubo muchos darés y tomares, y el Gobernador vino á ser tercero en ello para que lo soltasen.»

«Viéndome ya tan acosado, concluye el comisario, y que eran de ningún fruto cuantas diligencias hacia y que sólo habian de encender escándalo, propuse de no proveer ni proceder más adelante hasta que á V. S. le constase y pusiese remedio competente.» [1]

El Gobernador, escribiendo por su parte al Tribunal, decia que el Obispo contradijo muy de veras la comisión del P. Manrique, «poniendo pena de excomunión mayor á quien obedeciese los mandatos del dicho padre en lo tocante á la dicha comisión;» que ofreció á Manrique darle todo favor y ayuda y que se negó á ello «por estar el negocio tan enconado de parte del señor Obispo, que, cierto, no lo ha podido llevar á paciencia ni disimular, por ser tan amigo de

---

[1]. *Carta de 1.° de Abril de 1584 á la Inquisición de México.*

ser solo en todo, que no deja eclesiástico ní seglar que todos no los mete á barato, metiéndose en todo con tan poca prudencia y consideración que me tiene admirado.» [1]

Lo que iba pasando en las Filipinas era, más ó menos, lo mismo que habia acontecido en varias ciudades de América cuando se fundaron los Tribunales de la Inquisición. De una. parte, los Obispos defendiendo hasta donde podian sus atribuciones inquisitoriales, y por otra, los ministros del Santo Oficio, apoyados en las órdenes reales, reclamando el uso exclusivo de su jurisdicción en materias de fe. Como era de esperarlo, y como sucedió siempre én casos análogos, los vencidos fueron los obispos.

El Tribunal de México, en vista de lo que le anunciaba el P. Manrique y de lo que resultaba de otras fuentes de información, viéndose imposibilitado de reducir al obispo Salazar á que acatase sus mandatos, se vió en el caso de poner en noticia del Consejo General de Inquisición, para que éste, á su vez, participase al Soberano, lo que ocurria en las Islas.

«Muy Iltes. señores.—Como consta por los poderes ó instrucción de su S.ª Illma. y cédulas de Su Majestad, se señalaron por districto desta Inquisición, las Audiencias de México, Guatemala y Nueva Galicia con sus districtos y jurisdiciones, en que caen el arzobispado de México y obispados de Tlaxcala, Mechoacán, Guaxaca, Nueva Galicia, Yucatán, Guatemala, Vera Paz, Chiapa, Honduras y Nicaragua, y sus cercanias, en cuya razón viene también la población

---

1. *Carta de D. Diego Ronquillo, 24 de Septiembre de 1583.*

de españoles que hay en las Islas Filipinas por distrito de la Audiencia de México, y cercanía del arzobispado, aunque de nuevo la Iglesia que allí había, se ha erigido en obispado y fundado Audiencia de por sí, y no habíamos nombrado comisario por este Sancto Oficio por no se nos haber ofrecido persona á propósito, y por parecernos que los negocios de allí no tenían esa necesidad, sino que bastaba la correspondencia que siempre habemos tenido é navíos que cada año van y vienen con los gobernadores y comisiones particulares que habemos dado á religiosos de la orden de S. Agustín, á cuyo cargo estaba la administración de la doctrina al principio, cuando aquellas Islas se descubrieron, hasta que por el año de mill y quinientos y ochenta y tres tuvimos noticia y nos constó por testimonios que habiendo ido el año antes el primer obispo fray Domingo de Salazar, de la orden de Sancto Domingo, de las primeras cosas que hizo fué fundar una Inquisición con su fiscal y otros ministros, introduciendo el mesmo modo de proceder que el Sancto Oficio tiene, y haciendo aucto en forma, y penitenciado personas, algunas de las cuales han venido á desagraviarse de la injuria que pretenden haber recibido; y pareciéndonos tener por nuestro oficio obligación de acudir al remedio, enviamos título de comisario á fray Francisco Manrique, de la orden de S. Agustín, prior del convento de la ciudad de Manila de aquellas Islas, á donde reside el gobernador y la iglesia catedral, con instrucción cumplida para el ejercicio de su comisión. Previniendo tales casos, y más los que no debía hacer, de manera que antes se quedase corto que pudiese pecar con dema-

siada diligencia, porque nuestra principal intención
fué conservar nuestra jurisdición, y aún querer estorbar los daños que los vasallos de S. M. suelen
recibir de los ordinarios, haciendo casos de inquisición los que no lo son, como tenemos experiencia por
los papeles que al principio recogimos de todo el
districto; y procede el Obispo de las Filipinas con tanto
exceso que habremos de proceder con remedio más
peremptorio, enviando carta revocatoria de sus edictos y censuras, porque habiéndole escripto juntamente
la carta cuya copia será con ésta, respondió la que
juntamente va, y por otras habemos entendido que
en público sermón y en otras partes ha amonestado
al pueblo que no les está bien tener comisario de la
Inquisición, y que asi no le deben recibir, y prosi-
gue en sus prisiones y en publicar auctos que pien-
sa hacer por el Sancto Oficio, con tanta resolución, que
no caben en carta para V. S. las palabras que de
allá nos escriben de su demasiada libertad, con la
cual nos han avisado también que ha escripto á Su
Majestad, fundando su jurisdicción y multiplicando
inconvenientes de la nuestra, que serán todos los que
habrá querido imaginar, sin haber sucedido alguno;
y porque escribe que ha procedido con parecer que
tomó del arzobispo de México, cuando pasó por aqui,
se lo habemos comunicado, y entendido dél, no sólo
lo contrario, mas que aún tenemos obligación de escri-
birlo á V. S., y aún á Su Majestad, para que el Obispo,
por sus particulares respectos, no infame la jurisdicción del Sancto Oficio, que ha procedido de manera que
los vecinos la situarian por verse libres de las veja-
ciones y molestias que con este titulo reciben de los

obispos, procediendo en negocios extraños de la fe, y con secrestos de bienes muy perjudiciales, sin remedio de apellación, con que á las mesmas justicias traian atemorizadas, con los cuales han acudido también á la Inquisición, con escándalo suyo y de sus pueblos, que, vistos después, no se les halla materia de fe, sino que el fundamento principal es querer, por este camino, encaminar y asegurar su jurisdicción y preheminencias.

«De tres navios que de aquellas Islas salieron para esta tierra han llegado los dos en fin del año pasado, y en el otro, que aún no ha entrado en el puerto, escribe el comisario más en forma las contradicciones del Obispo en respuesta de su título, y asi solamente enviamos á V. S. con ésta la dicha instrucción y carta para el Obispo y su respuesta, y otra del comisario, y gobernador que entonces era, que sólo la del Obispo basta para entera probanza de lo que decimos, y aunque nos quiera culpar de no haberle tratado lo mesmo cuando pasó por esta ciudad, no tiene razón, porque, preguntándolo, le respondimos que bastaria la relación que él nos diese según lo que de la tierra teniamos collegido.

«También va la copia de la carta que con ésta escribimos á S. M., para que, vista por V. S., se dé, si conviniere, presupuesto que nuestra intención es sólo hacer nuestro oficio y conservar su auctoridad y buen nombre, el cual se pierde usándolo en cosas tan extrañas que, venidas al tribunal, se vienen los reos á dar por libres, como ha acontecido, sin poder restaurar el daño que en sus honras y haciendas han recibido, y saliendo el Obispo con su intento, se atreve-

rán otros á lo mesmo, y los más son. religiosos que
vestidos con libertad de buen celo, son más de temor. Suplicamos á V. S. se satisfaga del nuestro,
cuyas muy illustres personas guarde y acreciente
Nuestro Señor para servicio suyo.—En México, 17
de Enero de 1585.—Muy illustres señores besan las
manos de V. E.—*El licenciado Santos García.—El
licenciado Bonilla.*» [1]

A la vez dirigieron éstos al rey el siguiente oficio:

«S. C. R. M.—Siendo districto de este Sancto Oficio
de la Inquisición de México la ciudad de Manila de
las Islas Filipinas, y habiéndonos correspondido
desde su fundación con los gobernadores y religiosos, en navios que cada año van y vienen, habemos
entendido, y dello nos ha constado por testimonios,
que el Obispo que allá llegó por el año de ochenta
y dos, de las primeras cosas que hizo fué introducir
una Inquisición con sus ministros y su modo de
proceder, haciendo auctos en forma y procediendo
con este nombre en casos que no lo merecen, como
ha parecido en algunos de que las partes se han
agraviado. Por lo cual nos fué necesario nombrar
comisario con particular instrucción, previniendo
todos casos, atendiendo, lo principal, á conservar la
jurisdicción y á estorbar también los daños que los
vasallos de Vuestra Majestad solían recibir de los
Ordinarios, procediendo en negocios extraños de la
fe, con secrestos de bienes muy perjudiciales, y ate-
morizando á las mesmas justicias con el nombre del
Sancto Oficio, como tenemos experiencia por los pa-

---

1. *Carta de 17 de Enero de 1585.*

peles que al principio recogimos de todo el districto,
y por negocios también que después han remitido,
con escándalo suyo y de sus ovejas, en que no se
ha hallado materia de fe, sino que el fundamento principal es querer enderezar, por este camino, su jurisdicción y preheminencias; como de todo enviamos
copia y damos más larga cuenta al Consejo de Vuestra Majestad de la Santa General Inquisición, por
haber visto que el Obispo se ha puesto en contrade-
cir nuestra comisión y entendido que escribe á Vuestra Majestad multiplicando inconvenientes, á que no
se puede dar mejor satisfacción que no haber sucedido alguno en los años pasados, y los que han resultado y resultarán mayores en perjuicio de la
jurisdicción y patronazgo real, si se le permite pro-
seguir con su poder ordinario en la forma de Inquisición que ha comenzado. N. S. la S. C. R. persona
de Vuestra Majestad guarde muchos años con acre-
centamiento de mayores reinos y señorios.—En México, 17 de Enero de 1585.—Besan las manos de V.
M., sus vasallos y menores capellanes.—*Licenciado
Bonilla.—El licenciado Santos García.*» [1]

Y los antecedentes que dejamos expresados, fueron los que motivaron la real cédula que copiamos
á continuación. Como va á verse, los Inquisidores
triunfaron por completo, habiéndose ordenado ter-
minantemente al Obispo que no se entrometiese en
tratar de aquellos negocios, cuyo conocimiento com-
petia únicamente al Santo Oficio.

«Reverendo in Christo Padre, obispo de las Islas

---

1. Libro 760, folio 164.

Filipinas, de nuestro Consejo. Ya sabeis que después que á suplicacion é instancia de los católicos reyes don Fernando y doña Isabel, nuestros bisabuelos, de gloriosa memoria, la Sede Apostólica proveyó y puso el oficio de la Sancta Inquisición contra la herética pravedad y apostasia en estos reinos y señorios, porque los inquisidores apostólicos que han sido y son al presente han entendido y entienden con toda diligencia y rectitud en extirpar las herejias y reducir al gremio de la Sancta Madre Iglesia á las personas que han confesado y confiesan sus delitos y en pugnir y castigar conforme á derecho á los herejes pertinaces y negativos. Visto por los Ordinarios que por este orden se pueden mejor saber, pugnir y castigar los errores y herejias que contra nuestra sancta fe católica se cometen y que Su Santidad tiene advocadas á si todas las causas tocantes al dicho crimen y cometidas al Inquisidor General ó Inquisidores por él diputados, é inhibidos á todos los otros jueces para que no puedan conocer dellas, han dejado y dejan de entrometerse en estas causas, y cuando alguna cosa tocante á este delicto ha venido á noticia dellos ó de sus oficiales, lo han remitido á los Inquisidores apostólicos para que ellos conozcan de las causas y las determinen conforme á justicia, porque tienen mejor aparejo de cárceles secretas y oficiales con las cualidades que se requieren y otras cosas necesarias y más cómodas al ejercicio y buena expedición de los negocios del oficio de la Sancta Inquisición, y lo mesmo han hecho y guardado los prelados de las provincias de la Nueva España, después que por nuestro mandado se plantó el Sancto Oficio en la ciudad de México; y ahora somos informado que vos y vuestros provisores y vicarios generales os habeis entrometido y entrometeis ó pretendeis entrometer en esa vuestra diócesis á conocer de delictos tocantes al Sancto Oficio y proceder contra algunas personas culpadas, sospechosas é infamadas del crimen de herejía y hacer contra ellas procesos, introduciendo forma de inquisición, nombrando ministros y oficiales y haciendo autos públicos con nombre del Sancto Oficio, y que habiéndoseos escripto por los Inquisidores de la dicha ciudad de México, debajo de cuyo distrito está esa vuestra diócesis, no os entrometiésedes en tratar de los dichos negocios, pues no os pertenecia el conocimiento dellos, salvo el Sancto Oficio, no sólo no lo habeis querido hacer, antes mandastes á la persona que los dichos Inquisidores habian nombrado por comisario del dicho Sancto Oficio en ese obispado, no usase del dicho oficio, poniendo pena de excomunión mayor á quien obedeciese sus mandamientos: y porque desto se siguen y podrian seguir inconvenientes y mucha desautoridad al Sancto Oficio é impedimento á los negocios que en él se tratan, siendo su ejercicio de tanta utilidad á nuestra religión cristiana, y más en estos tiempos que los herejes procuran con mucho cuidado sembrar en todas partes sus perversos errores y herejías: vos encargamos y mandamos que no os entrometais en tratar de los dichos negocios tocantes al Sancto Oficio, por vos ni por otras personas, y si habeis nombrado oficiales con titulo de Inquisición, los removais y quiteis, no permitiéndoles se nombren

ministros del Sancto Oficio, y las informaciones que
teneis y tuviéredes de aqui adelante tocante á los
dichos delictos y las personas que por la dicha razón
estuvieren presas, con los procesos los remitais á
los dichos Inquisidores de la dicha ciudad de México para que ellos los vean y provean lo que fuere
de justicia, que á las cosas que vos ó vuestros vicarios debiéredes de ser llamados, los dichos Inquisidores os llamarán para que asistais con ellos, como
siempre se ha hecho, dejando al comisario ó comisarios que por ellos hubieren sido nombrados ó se
nombraren en esa vuestra diócesis usar y ejercer el
oficio de tal, conforme á la comisión que para ello
tuvieren, sin les poner embargo ni impedimento alguno, antes les deis todo el favor y ayuda que os pi-
dieren y hubieren menester; y no fagais otra cosa,
porque asi conviéne al servicio de Nuestro Señor
y á la buena administración de la justicia, y á lo
contrario en manera alguna se dará lugar. Dada en
Barcelona, á 26 dias del mes de Mayo de 1585.—Yo
EL REY».

Ante una orden real tan terminante, al obispo Salazar no le quedó más remedio que callar. Acatan-
do, pues, la autoridad del Santo Oficio y despoján-
dose de la que hasta entonces habia estado ejercitan-
do, procedió á hacer entrega de las causas de fe que
tenia iniciadas. Y con vista de su sumisión, por rara
excepción, el Tribunal se portó benignamente con él,
ahorrándole el bochorno de hacer pública su desau-
torización inquisitorial.

Vamos ahora á trascribir *in integrum* la carta del
Tribunal en la que se da cuenta del resultado de su

disidencia con el Obispo, de las causas de fe que éste habia iniciado y de otros detalles del mismo orden no menos-interesantes.

«Muy illustres señores.—Antes que al Obispo de las Filipinas se le notificase la cédula de Su Majestad que V. S. envió con carta de los 4 de Junio del año de 85, se habia satisfecho del fundamento de la jurisdicción del Sancto Oficio en su obispado y habia entregado los procesos que habia hecho con este título, y notificada la cédula, respondió que asi lo haria adelante, por lo que de nuevo Su Majestad le mandaba, y por haberse ido á España por la India el comisario que alli teniamos, en un navio que este mes partió para aquella tierra, le enviamos nombrado de nuevo con la instrucción necesaria, por estar tan lejos; y tratando en consulta de lo pasado, no pareció enviar y publicar carta revocatoria de los edictos y censuras puestos por el Obispo en casos de herejia, por algunos inconvenientes que consideramos podrán resultar de su condición y de los vecinos para con él.

«Los procesos fueron seis:

«Uno contra un mozo don Francisco de Zúñiga, hijo de padres nobles de esta tierra, de edad entonces de veinte años, cuya culpa es que avisándole que le querian prender por amancebado, unos testigos dicen que dijo: «qué importa; que fornicar no es pecado»; y otros dicen que dijo que estar preso por fornicar no era pecado, y él confiesa en este sentido, y él y todos los testigos dicen que incontinenti se arrepintió y declaró, y luego se fué á denunciar al Obispo, el cual le prendió con secreto de bienes, y

substanciada la causa, le condenó á salir en auto público, descalzo, con vela y mordaza, abjuración *de levi*,
destierro de las Indias por diez años precisos, y si lo
quebrantare, doscientos azotes; y ejecutó su sentencia.

«Otro contra un Marcos Quintero, natural de Huel-
va, en España, soldado, de edad de veintiún años, casado con una india natural de aquella tierra, por haber
andado entre los indios y moros á su traje y hecho
sus bailes y zambras; y aunque lo confiesa, en parte
excluye toda mala intención, sino que lo hacia como
pobre, y como tal comia y bebia entre los indios y
de sus manjares, y bailaba con ellos: aucto público,
doscientos azotes y un año de servicio en un hospital; y asi se ejecutó.

«Otro contra Francisco de Pareja, natural de Al-
modóvar, en España, clérigo-canónigo de aquella
Iglesia, por solicitar sus hijas espirituales en la confesión, de que tenia dos testigos, y por haber dicho á
una mujer, fuera de confesión, que no le podia Dios
hacer más bien que el que tenia en tenerla presente.
Conclusa esta causa difinitivamente, con estrecha
prisión y secreto de bienes, se ahorcó este misera-
ble hombre en la cárcel en que estaba, sin confesar
su culpa, y de aqui le habiamos enviado á prender
con información de doce testigos monjas del monasterio más antiguo de esta ciudad, á donde era con-
fesor, que recibimos contra él, de mucha solicitud
y extraordinarias torpezas en la confesión, sin culpa
dellas, y aunque todo era carne, no carecia de sospecha de ser éste alguno de los alumbrados de Ex-
tremádura que quedaban presos en Llerena cuando
pasó á esta tierra.

«Otro contra don Martin de Goiti, mestizo, hijo de un maese de campo que alli hobo, [1] y de alguna india, mochacho de catorce años, porque, enseñando la doctrina cristiana á los indios delante de una imagen de Nuestra Señora, decia y hacía cosas deshonestas, enseñando sus vergüenzas, incitando las indias á pecar con él, de donde algunos testigos tomaron ocasión de decir que las mostraba á la imagen, y por haber dicho que Nuestra Señora no era virgen y que él la habia corrompido, aunque él lo niega y dice que leyendo por la cartilla habia saltado ciertas palabras de la lengua de aquella tierra, que habia sido causa de trastrocarse y de entender los testigos lo que deponian contra él, y según las palabras, fué cosa fàcil el errarse. Este proceso vino concluso difinitivamente sin sentenciar.

«Otro contra un Joan López de Azoca, soldado, natural de la Isla de Canaria, por casado dos veces, ambas en esta Nueva España, preso con secresto de bienes, recibido á prueba con término ultramarino, y aunque se han buscado aqui las dos mujeres, no han parecido para hacer la averiguación.

«Otro proceso fulminó contra un licenciado Converguel Maldonado, teniente que entonces era de gobernador, y un capitán Gaspar Osorio de Moya, sobre que, agraviándose de ciertas cartas de excomunión, con acuerdo del licenciado, habia hecho una petición injuriosa al Obispo para presentar ante él, y habiendo venido á su noticia antes que la presenta-

---

1. Martin de Goiti figuró con brillo en el descubrimiento de las Filipinas. Véase lo que á su respecto dice Grijalva en la hoja 115 vuelta de su *Crónica*.

sen, se la hizo exhibir y reconocer, y los prendió, y aunque al capitán soltó en fiado, con el licenciado prosiguió la causa con secresto de bienes y dura prisión, examinándole acerca de la petición, preguntándole y repreguntándole acerca de las censuras de la Iglesia, y su auctoridad, y del papa, y de la jurisdicción del Sancto Oficio, y de poder prender los obispos, con auxilio ó sin él, en que hay tantas hojas de confesión que no és posible sumar, ni hay para qué, pues de todas ellas no resulta culpa en orden á la fe, y basta enviar con ésta la petición como fundamento de todo el proceso, el cual vino sumario con ella y las confesiones, porque al cabo de cinco meses de prisión, le vino á soltar y enviar á esta Nueva España, con ocasión de que había perdido el juicio, y aunque pasó por aqui á España á quejarse ante V. S., no le vimos.

«Otro proceso nos entregó contra un Diego de la Vega, criado suyo, en que le condenó en destierro al Maluco, y en doscientos azotes que se le dieron por las calles públicas, por haberle llevado y traido recaudos y metido tinta y papel, diciendo el pregón que por haber llevado mensajes á un hombre que estaba preso por el Santo Oficio.

«Vistos estos procesos con los consultores, consideramos que los dos primeros fenecidos y ejecutados los fulminó antes que nombrásemos comisario, ni se le notificase cosa alguna de nuestra parte, y asi pareció que solamente se diese relación á V. S. de la substancia dellos, y de como el dicho don Francisco de Zúñiga habrá cuatro años que nos dió petición, agraviándose de su señoria, para que V. S. ordene lo que fueren servidos.

«Los otros tres procesos pareció que se debian suspender, y aunque la causa del Martin de Goiti no era digna de juicio de inquisición, sino que bastaba darle entonces de azotes, como á mochacho, y ahora ya será hombre para esta pena.

«El proceso de el licenciado Convergel Maldonado y capitán Osorio se hizo después de haberle escripto que su obispado era districto desta Inquisición y haberle notificado el comisario el titulo que tenia, y asi se pronunció aucto declarando por ninguno todo lo hecho y actuado en él desde el principio hasta el fin, asi por falta de jurisdicción como de materia sobre que pudiese caer juicio de inquisición, del cual debian ser dados por libres y quitos, y alzado cualquier embargo ó secresto de personas y bienes, y que se les diese testimonio, como se les dará, pidiéndole.

«Por denunciaciones que el comisario nos ha enviado, habemos entendido el abuso que hay entre algunos españoles de aquella tierra de amancebarse con las indias gentiles y moras, fingiendo casamiento ó casándose con ellas á su modo, usando de su traje, comidas y bebidas y otros ritos y ceremonias; y antes de proceder á castigo, pareció que el pueblo fuese advertido que se abstengan de semejante abuso, amenazándoles que serán castigados como sospechosos en la fe; y asi ordenamos al comisario que lo hiciese el dia de cuaresma que se publicase el edicto general á propósito de lo que en él se dice y inquiere contra los que se casan según rito y costumbre de moro, ó han cantado sus cantares, ó hecho zambras con sus instrumentos, y que reciba las denunciaciones que acerca dello hobiere. Nuestro Señor las muy illustres personas y estado de V. S. guarde y augmente para servicio suyo.—En México, 28 de Abril de 1587.—Muy ilustres señores, besan las manos de V. E.—*El licenciado Santos Garcia.—El licenciado Bonilla».* [1]

Además de las que quedan expresadas el único antecedente respecto á causas de fé que poseamos iniciadas antes de terminar aquel siglo, es la noticia de una información remitida á México por el comisario del Tribunal contra el regidor Diego Hernández de Vitoria acusado por una esclava su cocinera de haberle dádo orden de no ahogar las gallinas sino de degollarlas. Por este motivo inicióse contra él un proceso, secuestrarónsele sus bienes y se pidieron informaciones á Oporto, de donde, al parecer, era oriundo Hernández; pero no hay constancia de haberse llegado á pronunciar la sentencia, talvez, á causa de haber fallecido el reo muy poco después. [2]

La práctica de que se acusaba al regidor de Manila le había hecho sospechoso de judío; pero sea como fuese, en el auto de fe que se celebró en México el 28 de Marzo de 1593 salieron dos reos que habian sido procesados y condenados como verda-

---

1. Libro 762, folio 198.

Los cronistas agustinos de Filipinas desde Grijalva en adelante, al paso que han contado muy por extenso las controversias que el obispo Salazar sostuvo con la Orden con motivo de haber negado á sus miembros toda jurisdicción en lo tocante á la administración espiritual de los indígenas, guardan completo silencio, sin duda por no haber llegado á su noticia, acerca de sus diferencias con la Inquisición que acabamos de referir.

2. Carta del Inquisidor Peralta al Consejo, México, 17 de Diciembre de 1598.

deros observantes de la ley de Moisés. Eran dos portugueses que residian en Manila, hermanos, ambos solteros, de generación de cristianos nuevos, y llamábanse Jorge y Domingo Rodriguez. Acusados de herejes judaizantes, el primero estuvo condenado á tormento sobre las disminuciones y variaciones que de sus confesiones resultaban. Fueron reconciliados con confiscación de bienes por haber guardado y creido la ley de Moisés, hecho en su observancia sus ritos, preceptos y ceremonias y esperado al Mesías prometido en ella, y condenados, además, en hábito y cárcel perpétuos.

CAPITULO II

El Obispo de Nueva Segovia propone al Consejo de Inquisición que se cree un tribunal especial en Manila.—Uno de los inquisidores de México propone asimismo que por la dificultad de conducir los reos, se sustancien sus causas en Manila.—Noticias de los comisarios de la Inquisición.—Reos de causas de fe que salieron en autos públicos durante los primeros años del siglo XVII.—Los primeros solicitantes en el confesionario.—Causas seguidas contra extranjeros.—Excesos de los delegados del Tribunal.—Los soldados españoles en la Inquisición.—Reconciliaciones de herejes extranjeros.—Nuevas causas de los soldados.

Como era de esperarlo, andando el tiempo, al paso que aumentaba la población y el comercio con el Archipiélago, crecia también el concurso de extranjeros, en su mayoria no católicos, de tal modo que durante el primer cuarto del siglo XVII puede decirse que ellos solos fueron los que ocuparon la atención del comisario inquisitorial. Esta circunstancia vino á poner más de manifiesto todavia los inconvenientes de que las Islas estuviesen sometidas por lo tocante á las causas de fe á un Tri-

bunal que residía á enorme distancia; pero, como
apesar de todo, los Inquisidores de México no que-
·rian aceptar que se segregasen de su conocimiento
aquellas causas, en el año de 1606 y tomando pié de
lo ocurrido con un protestante noruego, el Obispo
de Nueva Segovia, sufragáneo del de Manila, que
comprendia era perder tiempo quejarse á México,
tomó el temperamento de ocurrir al Consejo General de la Inquisición proponiendo un arbitrio que,
á la vez que remediase aquellos inconvenientes,
no demandase gasto alguno al Fisco inquisitorial:
tal fué el de que se crease en Manila un tribunal
especial, presidido por el Arzobispo y formado por
miembros de las órdenes religiosas. Creemos que
vale la pena de conocer en extenso el memorial del
obispo á que aludimos, que dice asi:

«JHS.—Dios ha puesto á V. S. Iltma. en ese supremo lugar de la fe para que, como atalaya, especule y
vea todo lo que pide remedio en los muchos y grandes reinos de Su Majestad, y en estas Islas Filipinas, que están tan apartadas, hay cosas gravisimas
que le piden, porque como aquí acuden de muchas
partes y naciones al cebo del trato, hay cada dia cosas que pertenecen al santo tribunal de la fe, y re-
mitirlas à México tiene notabilisimos inconvenientes,
por estar tan distante y tan lejos el remedio y tar-
dar tanto las respuestas, que acontece acusar alguno
de hereje, y dar cuenta al Santo Oficio de México,
y cuando viene el mandato, haberse muerto ó huido, y
otras cosas á este modo, y particularmente aconteció este año en nuestro obispado en la ciudad de la
Nueva Segovia un caso notable, que un hereje de la

Noruega, con furia infernal, entró á medio dia en la iglesia y arrebató un cristo que estaba en el altar mayor y le hizo pedazos, y tomó la lámpara que estaba delante de Nuestra Señora, y se la tiró á la Virgen y después dijo que las imágenes estaban en los corazones de los hombres, y que no era menester otras. Fué esto en presencia de muchos recién convertidos á nuestra fe, que fuera razón vieran el castigo de tan grande delito, y llevándolo á México, como se lleva este año, podrá suceder, lo que Dios no quiera, lo que otros, y arribar la nao al Japón ó á otra parte, y huirse dos herejes que van presos, y en reino y señorios tan grandes como estos, es necesario, ó que haya inquisición ó que nos dejen á los obispos lo que es nuestro de derecho, y asi, señor, yo pido justicia, y con esta carta descargo mi conciencia para con Nuestro Señor, porque yo no puedo hacer más.

«El remedio que aqui puede haber es fácil, nombrando por inquisidores en el interin que hay con qué á los religiosos de las órdenes que hayan sido collegiales, que los tales son limpios de razas de judios y moros, y ordinariamente hombres doctos, y puede presidir el arzobispo de Manila, y en su ausencia alguno de los obispos, y con esto se remediarán los daños, y no habrá costas, y obligación tienen los inquisidores de México á procurar esto por su parte; mas esto de extender la jurisdicción y otros cebillos,[1] que más valiera no los hubiera, lo impidirán; yo conozco muy bién el cristianisimo pecho

1. Asi dice.

de Vuestra Ilustrísima, y así; espero en Dios, pondrá remedio en esto; á quien guarde Nuestro Señor muchos años en su divino amor.—De Manila, á 30 de Junio de 1606.—*Fray Diego, obispo de la Nueva Segovia.*»[1]

No hay constancia expresa del concepto que mereciese al Consejo la propuesta del Prelado, pero indudablemente fué desestimada cuando ni siquiera dió origen á tramitación alguna.

Sin embargo, no era posible desconocer que las dificultades que hacía notar el Obispo existían para la pronta y acertada tramitación de las causas de fe, hallándose tan lejos el tribunal que debía resolverlas, y que se hicieron apremiantes seis años más tarde con motivo de los muchos testificados de solicitación en el confesionario que allí había, según lo tenía participado al Consejo en carta de 8 de Mayo de 1612 el inquisidor don Gutierre Bernardo de Quirós, ponderando la dificultad de llevar los reos á México y de seguirles sus causas en esas condiciones.

Pero vale la pena de conocer la carta del inquisidor:

«De las Islas Filipinas vinieron este año muchas testificaciones de solicitantes, y la mayor parte son frailes, y por ser tan lejos y haber allá necesidad dellos, solos dos que parecieron los más culpados, mandamos traer, porque hallamos por inconveniente grande traerlos á todos, á causa de haber ido por orden y á costa de Su Majestad, y ser allá necesarios, y que no le tenía menor ver cuan mal podían

1. Entendemos que este obispo era Fr. Diego de Soria, de cuya persona y hechos se trata por extenso en las págs. 382 á 393 de la *Crónica* del P. Santa Cruz.

aqui hacer los procesos y substanciar las causas, por
la gran distancia que habia para las diligencias que
se hobiesen de hacer y defensas de los reos; demás
de que el castigo y demostración que en estos casos
se suele hacer, seria muy más á propósito y conveniente que se hiciese allá donde se cometió el delicto,
para ejemplo de los demás, y todo esto se podria
conseguir si inviásemos orden á los comisarios de
quienes tuviésemos más satisfación para que, con
acuerdo de algún oidor ó persona calificada que le
señalásemos, substanciase estas causas, y conclusas,
nos las inviasen para que de aqui fuesen las sentencias y orden como se habian de ejecutar; pero esto
no nos atrevimos á hacerlo por no saber si pareceria
mal al Consejo, non obstante que entendemos conviene. Suplico á V. Md. nos haga merced de avisar lo
que en esto podremos hacer, porque deseamos acer-
tar y que se haga lo que más convenga al servicio
de Nuestro Señor. Su Divina Majestad guarde á
V. Md. largos años con los acrecentamientos que merece y sus servidores de V. Md. deseamos y tenemos menester.—México y Mayo 8 de 1611.—*El licenciado Gutierre Bernardo de Quiros.*» [1]

Con vista de esta consulta, el Consejo decretó en
28 de Noviembre de 1612 «que hagan lo que les parece, advirtiendo al comisario que por la distancia
que hay y la dilación que se puede seguir, rebaje
la carceleria á los reos, soltándolos con una caución juratoria, después de haberse sustanciado y
concluido el proceso.»

---

1. Libro 765, folio 54.

Mientras tanto, sin duda por causa de haberse au
sentado el P. Manrique, primer comisario de la Inquisición, habia sido reemplazado, según creemos, por
otro fraile de la misma orden de San Agustin,
Fr. Diego Muñoz, hombre joven, que fué á la vez
provincial de aquella provincia, y que murió en
1594. [1] A éste sucedió, al parecer, el dominico fray
Miguel de San Jacinto, al menos hay antecedentes
que demuestran que en Febrero de 1612 ejercia aquel
cargo. [2]

No podríamos afirmar á cual de éstos correspon-
dió sustanciar las causas de algunos reos que salieron
en los autos públicos de fe de 25 de Marzo de 1601 y
20 de Abril de 1603. Uno de los del primero llamábase
Hernando de Caravajal, sevillano, vecino de Manila,
que siendo casado en su patria, contrajo segundo
matrimonio con Juana de Quesada, hija del capitán

---

1. Según la carta de los Inquisidores, fecha 28 de Abril de 1587,
que queda transcrita más atrás, el P. Manrique se fué á España
camino de la India, antes de Abril de 1587. De modo que Muñoz ha
debido entrar á sucederle en esos mismos dias, ó muy poco después.
No hemos encontrado en los documentos noticia alguna al respecto,
ni aún del nombramiento de Muñoz, que tomamos de Grijalva, folio
199 vuelta.

Respecto del segundo comisario de la Inquisición en las Filipinas, nos dice ese autor que fué hijo de la casa de San Agustin de
México, donde tomó el hábito, tan mozo, que más tarde hubo de
renovar su profesión en tiempo oportuno. El cronista agustiño nos
informa que Fr. Diego Muñoz, «fué uno de los más eseneiales religiosos que aquella provincia (Filipinas) ha tenido, por erudición de
letras, y con incomparable virtud de su vida... Fué comisario del
Santo Oficio de la Inquisición, añade, y ejercitó aquel oficio con
grande gusto de los señores Inquisidores, y con grande autoridad
del oficio.»

2. Fr. Miguel de San Jacinto era natural de Cáceres, en Extrema-

Sebastián de Quesada. Se denunció á sí propio y fué condenado á salir en el auto con vela, soga, coroza, en abjuración *de levi* y destierro perpetuo de las Indias. No se le dieron azotes y galeras por ser viejo, enfermo y haberse denunciado.

El otro reo fué Manuel Gil de la Guardia, natural de la ciudad de su nombre, vecino de Manila y procurador de causas de la Audiencia, de edad de treinta y cinco años, testificado de presunciones y sospechas de observante de la ley de Moisés, por nueve personas algunas de ellas relajadas por el Santo Oficio. Estuvo negativo hasta la segunda publicación de testigos, desde cuyo punto comenzó á confesar que habia creido en la ley de Moisés y tenidola por buena, pensando salvarse en ella, y que en su observancia rezaba los salmos sin *gloria Patri* y guardaba los sábados todas las veces que podia. Fué condenado á salir en el auto con vela, llevó hábito, cárcel perpétua y confiscación de bienes. «No se le dió más pena, dicen los Inquisidores, porque dió muchas muestras de arrepentimiento, y

---

dura, é hijo del convento de San Esteban de Salamanca; habia pasado en 1594, de España á México en compañia de varios religiosos que llevaba á su cargo Fr. Alonso Delgado, por cuya muerte sus compañeros le eligieron por superior, á pesar de ser aún muy mozo, si bien, en cambio, era «de recia conplexión.» Llegado á Manila, sus superiores le enviaron á la Nueva Segovia. Fué dos veces prior de Manila y en 9 de Mayo de 1604, sucedió en el provincialado de su Orden en Filipinas, á Fr. Juan de Santo Tomás, cargo que volvió á ejercer después. Murió repentinamente en el pueblo de Masi, el 26 de Abril de 1627, «porque, siendo hombre abultado, se le subió la sangre á la garganta y le ahogó». Véase la *Crónica* de Santa Cruz, p. 554.

fué parte que algunos que estaban negativos confesasen la verdad.» [1]

Fué reconciliado, con hábito y cárcel perpétua y condenado, además, en confiscación de bienes.

En el auto de 20 de Abril de 1603, fué también reconciliado Pedro Pedro, que en la fiesta inquisitorial á que acabamos de referirnos, á causa de andar fugitivo, había sido relajado en estatua por hereje. Huyóse, en efecto, á Filipinas, de donde fué llevado á México. Salió igualmente condenado en hábito y cárcel perpétuos irremisibles, en confiscación de bienes, á recibir doscientos azotes y en diez años de galeras.

Como solicitantes procedentes de Manila, habían sido condenados en México, en el curso del año 1613, los siguientes reos:

Francisco Sánchez de Santa María, clérigo presbitero, expulso de la orden de San Agustín, natural de Guadalajara, de edad de 45 años; testificado de haber solicitado á sus hijas de confesión en Filipinas, fué mandado parecer en el Santo Oficio. Depusieron contra él veintitrés testigos indias, y fué condenado á que en la sala de audiencia oyese la relación de su sentencia, con méritos, con una vela de cera en las manos, en forma de penitente y en presencia de los prelados de los conventos de México; abjuró *de levi*, quedó privado de confesar mujeres, y fué desterrado de Manila por seis años. [2]

Agustin de Villegas, también expulso de la mis-

---

1. Libro 778, hoja 275.
2. Relaciones de causas, t. I, hoja 489.

ma orden en las Filipinas, mexicano, de treinta y seis años. Estando para regresarse á México, se le notificó por el comisario que, en llegando, se presentase ante el Santo Oficio, como lo hizo. Declararon contra él cuatro indias, y llevó la misma pena del reo antecedente.

Don Luis de Salinas, asimismo mexicano, maestre-escuela de la catedral de Manila, de cincuenta y tres años de edad, testificado igualmente de solicitante en 1606; ordenóse al comisario ratificase los testigos, y, hecha esta diligencia, se mandó á Salinas por el Tribunal que se presentase en México, orden que estuvo cuatro años sin poder cumplirse por enfermedad del reo. Embarcóse al fin y naufragó en las costas del Japón, perdiéndose el proceso y habiendo escapado Salinas, regresó de nuevo á Manila. De alli le expulsó el Arzobispo; volvió el comisario á formar el sumario y le dió nuevamente orden de presentarse en México; hizolo asi, y seguida su causa conforme á derecho, fué condenado en las mismas penas de los anteriores, y además en quinientos pesos de oro para gastos extraordinarios del Santo Oficio. [1]

Otro reo despachado también ese año, fué el mulato Francisco de Santiago, que yendo preso para Filipinas, dijo que renegaba de Dios y de cuantos santos habia. Tuvo, pues, que volver al Santo Oficio. y recibir alli penitencia antes de salir para su viaje.

_____

1. De intento hemos querido limitarnos á enunciar simplemente los delitos cometidos por estos reos de solicitación en el confesionario, evitando entrar en detalles, por razones fáciles de comprender. Por otra parte, bastantes hemos dado ya á conocer en los libros que tenemos publicados sobre la Inquisición.

Como queda dicho, además de los solicitantes, los extranjeros eran por ese entonces los únicos que ocupaban la atención del comisario. En efecto, á principios de 1621 remitia á Mexico una información contra doce holandeses que habian caido prisioneros. Suscitáronse con este motivo en el Tribunal ciertas dudas acerca del procedimiento que podia adoptarse á su respecto.

Opinaban los inquisidores que se debian llevar á México y seguirles sus causas en la forma ordinaria, como se practicaba en las Inquisiciones de Europa con los que llegaban de provincias que no tenian paces con el rey, y con mayor razón en ese caso en que se trataba de vasallos rebeldes y tan pertinaces herejes. [1]

Con este motivo, en 16 de Mayo de 1620 habian indicado también la conveniencia de que, admitidos á reconciliación, se diese aviso secreto al Virrey á fin de que los echase de Filipinas ó de Indias, proceder que había sido aprobado por el Consejo, no pudiendo menos de extrañarse cuando se les hizo saber una real cédula de 18 de Mayo de 1619 en que se limitaba la prohibición á los que en adelante pasasen, debiendo ser admitidos á composición pecuniaria los ya avecindados. [2]

El hecho fué, sin embargo, que por aquellos dias se verificaron veinte reconciliaciones de otros tantos ingleses, alemanes y holandeses, unos que eran desertores, otros prisioneros y otros que habian

_____

1. *Carta de 19 de Febrero de 1621.*
2. *Carta de 25 de Mayo de 1621 y real cédula citada.*

llegado allí por diversos accidentes, sin que los inquisidores dejasen de recelar que aquello lo hacian por puro miedo ó conveniencia. En consecuencia, instaban para que no se les permitiese permanecer en aquellas poblaciones, «tan cortas y de tan nueva cristiandad».[1]

Puede decirse también que de esa época databa la primera extralimitación de las facultades inquisitoriales del Comisario, que tan comunes fueron desde los primeros tiempos de la fundación de los Tribunales del Santo Oficio en América, habiendo tomado alguna parte en las discordias que por aquel entonces se suscitaron entre el gobernador D. Alonso Fajardo y la Audiencia, si bien debemos declarar que los Inquisidores expresaban que aquella intromisión no fué «cosa de cuidado».[2]

Mas, como se habia dado ya el primer paso en ese camino, á poco andar, en otra cuestión que, en verdad, le tocaba más de cerca, el comisario inquisitorial, metió, como vulgarmente se dice, las manos hasta el codo, y tanto, que el propio Tribunal tuvo que ordenarle que se contuviese. Fué el caso que con motivo de haber faltado uno de los oidores que hacia de asesor cerca del comisario, pretendió el destino, en 1622, el licenciado Jerónimo de Legazpi Chavarria, y sin nombrarle desde luego, mientras no se llevaban sus pruebas á término cumplido, se ordenó al comisario que se valiese de su consejo y asistencia.

---

1. *Carta de 21 de Febrero de 1623.*
2. *Carta de 13 de Febrero de 1623.*

Tal era la situación del oidor cuando en una causa de homicidio, el hechor declaró que el Legazpi y su hijo le habian aconsejado que matase á aquel hombre. El gobernador, mal afecto á Legazpi, procedió contra él, y éste, pareciendo ante el comisario, entabló querella de competencia, que aquél tomó tan á pechos que el Tribunal hubo de ordenarle que cesase la mano en el asunto.[1]

Y tánto iban aumentando los excesos de los delegados inquisitoriales que el gobernador D. Sebastián Hurtado de Corcuera se creyó en el caso de dirigirse al Tribunal ponderando los grandes inconvenientes que se seguian de que los frailes fuesen comisarios, «por lo mal que se aprovechan de la merced de la Inquisición en aquellas islas y los alborotos que causan con capa de ella, y que este oficio le usará un clérigo con más prudencia y moderación de la mano del Santo Oficio, y con esto se couservaria la paz en la república y se excusarian los muchos escándalos que han causado los religiosos de Santo Domingo en ella».[2]

Y razón sobrada tenia sin duda el gobernador, pues remitido el caso en consulta al Consejo, éste aceptó de lleno sus indicaciones.[3] Ya veremos, sin embargo, que en la práctica no se dió cumplimiento á esta resolución.

Otro asunto que después vino á preocupar al Tribunal casi tanto como los relativos á los solicitantes y á los extranjeros, y derivado como aquellos de lo

1. *Carta de postrero de Junio de 1636.*
2. Carta citada de postrero de Junio de 1636.
3. *Acuerdo de 17 de Junio de 1638.*

remoto de las Islas, era lo que estaba pasando con los propios soldados españoles.

Léase lo que al respecto escribia el Tribunal al Consejo con fecha 25 de Mayo de 1619.

«Con las naos que vinieron el año pasado de las Islas Filipinas, nos remitió el comisario de alli muchas testificaciones contra soldados españoles y otras personas que se han pasado á aquellas tierras comarcanas de moros á renegar de nuestra fe santa, y otros que se pasan al campo de los holandeses, que tan trabajadas tienen aquellas Islas, y demás de seguir sus sectas, apostatando de la fe católica, les llevan armas y otros pertrechos de guerra, y pelean contra nosotros, y este delicto es alli tan usado que ningún año dejan de venir nuevas testificaciones, encargándonos el comisario la conciencia sobre el remedio, y habiéndonos parecido que, á lo menos, se debia proceder contra los que estuviesen convencidos plenamente y constase de mayor malicia en su delicto hasta quemarles las estátuas en rebeldia, como se acostumbra en Europa, no nos hemos resuelto á ejecutarlo hasta dar cuenta á V. S., por que, si bien el exceso de los dichos reos es muy grande y tan perjudicial como se deja entender, y el castigo podria servir de escarmiento á ellos y á otros, pero también podria resultar mayor desesperación en los dichos reos para nunca volver á reconciliarse y de irritar á los infieles y herejes con quien están, para hacer grandes molestias á los captivos y prisioneros cristianos, como algunas veces ha sucedido en Argel, Túnez y Viserta y otras partes de Africa, en cuya consideración tiene V. S. ordenado á las Inquisiciones fronteras de aquellos reinos que vayan con tiento en estas causas, aunque nunca se dejan del todo. V. S. nos mandará lo que fuere servido, y para ejemplar de las dichas testificaciones enviamos con ésta tres de ellas, que las demás son sus semejantes. Guarde Dios á V. S.—México, 25 de Mayo de 1619.—*Dr. Don Francisco Bazán de Albornoz.—Dr. Juan Gutiérrez Flores».* [1]

En el Consejo se halló por conveniente participar el caso á Su Majestad, manifestándole que las necesidades que por allá pasaban los soldados eran en realidad tales que les forzaban á huirse á tierras de infieles, y á pedirle que esta consulta, enderezada á que se remediase la situación de los soldados, se comunicase al Tribunal. [2]

El Consejo creia sin duda con esto dar á entender que semejante situación debia cesar pronto, y que, por lo tanto, el partido más prudente que habia que adoptar por el momento, era abstenerse de tomar una medida cualquiera esperando las que se arbitrasen en los Consejos reales.

Pero en éstos no se acordó temperamento alguno en pro de aquéllos, ó el que se tomó, por su mismo extremado rigor, no dió los resultados que se esperaban, porque muy poco después volvió á comunicarse al Consejo de la Inquisición que la situación no habia variado á ese respecto en las Islas, sinó que parecia agravarse.

Por los detalles que contiene vale la pena de co-

1. Libro 765, folio 219.
2. *Acuerdo de 14 de Octubre de 1619.*

nocer la contestación que el Tribunal dió á la resolución del Consejo.

«En respuesta de lo que escribimos á V. S. á 25 de Mayo del año pasado acerca de los soldados de las Islas Filipinas que se pasan al campo de los holandeses y siguen sus herejias y hacen guerra en su compañia á las dichas Islas, nos dice V. S. por carta de 9 de Octubre de el dicho año, que ha consultado á S. M. sobre el remedio que se ha de poner y que nos mandará V. S. avisar el que se hubiese de dar. Por lo tocánte á la Inquisición, este daño crece más cada dia, y en las últimas naos nos remitió el comisario de Manila más testificaciones de esta materia, y las reconciliaciones que hizo de algunos de estos hombres, que se delataron ante él espontáneamente, y pocos dias há que pareció en este Santo Oficio otro, llamado Sebastián Gutiérrez, natural del arzobispado de Sevilla, que vive aqui, cuya confesión y los demás autos que con él se hicieron, remitimos á V. S. para ejemplar y mayor inteligencia de este articulo; tomósele la confesión con genealogia y las demás circunstancias que lleva, porque cuando estos apóstatas son nacidos católicos, y más españoles, ha parecido siempre esta diligencia importante por las consideraciones que V. S. sabe mejor. Por lo tocante á S. M., entendemos que tiene proveido todo el remedio que puede, pues se castiga con pena de muerte este delicto por los gobernadores y capitanes generales; y prevenir para que no se cometa, es moralmente imposible por la gran cercania que hay en aquellas Islas de los lugares, fortalezas y presidios de S. M. á las de los ene-

4

migos. Por el Sancto Oficio no se ha puesto hasta ahora remedio, y el orden que tenemos dado á los comisarios de las dichas Islas es que procedan contra los que se hallasen culpados en el dicho delicto residentes alli, y que constando dél plenamente, prendan á los reos y nos los remitan, sobreseyendo en el proceder contra los testificados que se están con los herejes y moros hasta que V. S. provea lo que hubiere de hacer.

«Algunas de las reconciliaciones espontáneas que el dicho comisario nos ha remitido, son de los mismos holandeses y otros rebeldes de S. M. que fueron tomados prisioneros de la guerra, que se han quedado allí avecindados y aún casados; nosotros hemos advertido al comisario la remisión con que ha procedido en esto, pues siendo tan notoria la apostasia de la fe de todos éstos, y habiendo sido presos en la guerra infraganti delicto de hacerla y dañar á los católicos, bastaba esto para haber procedido contra ellos y hacerles causas, sin dejarlos allí el tiempo que han estado, hasta que han venido de su voluntad á confesar sus errores, y le ordenamos que de aquí adelante proceda en esto con mayor cuidado.

«Otros de los dichos reconciliados son alemanes y franceses, herejes, no soldados ni prisioneros, sino vecinos de las dichas Islas, que con la comunicación de los católicos se han reducido (si ya no es que el miedo de ser descubiertos los haga curarse de prevención). Los unos y los otros fueron (como se ha dicho) admitidos á reconciliación como espontáneos, y se están allí. Justisimamente tiene ordenado S. M. á sus ministros en estas partes que echen dellas á los extranjeros, especialmente á los septentrionales, porque, cierto, son todos enemigos declarados, y de su residencia por acá se siguen muchos y graves inconvenientes, pero sin embargo de los mandatos reales y el cuidado que los ministros pondrán en ejecutarlos, quedan muchos extranjeros de todas naciones, parte de ellos públicos y descubiertos, tolerados por útiles por algunos ministros de las repúblicas, ó con especial concesión y privilegio, en los cuales no se considera perjuicio alguno, y los demás encubiertos y disimulados con el traje y lengua de españoles, y cada año se van augmentando; y dejado aparte los inconvenientes arriba dichos y el justo recelo que se podrá tener de otro mayor contra el sosiego temporal de la Corona creciendo ellos en número y hacienda, y estando los holandeses tan pujantes como hoy se ven en el Mar del Sur, lo que á nosotros nos toca advertir es que sin duda hay algunos herejes entre ellos, sin que nuestra diligencia, que es cuanto se debe y se puede, baste para haberlos á las manos, á causa de ser esta tierra tan difusa y de tantos despoblados y andar estos hombres ordinariamente allá dentro con sus mercancías, donde no conocen inquisición ni edictos de fe, ni aunque los oigan, se les da nada, que aún en lo muy poblado y dotrinado corre harto de esto, y es más que probable el temor de que se siembran las herejías entre los indios y gente vulgar. Hoy tenemos preso en estas cárceles un alemán confitente en la seta de Calvino, y otro vino los dias pasados de su voluntad á confesar sus errores, y le reconciliamos en la sala de esta audiencia, y es tan entendido en la seta de Calvino, como V. S. verá por su confesión, que también nos ha parecido remitir con ésta. Los que prendemos y castigamos, de éstos ninguno dejamos en la tierra, sinó los enviamos á España desterrados ó á las galeras, conforme á sus delictos, y tal vez hemos pensado si hariamos lo mismo en cuanto al destierro, aqui y más en las Filipinas, con los que acuden espontáneos á reconciliarse, en consideración del recelo que dijimos arriba de que no vienen reducidos sino temerosos, y por el que se puede tener de su relapsia y de los perjuicios referidos andando entre los católicos, pero no le hemos puesto en ejecución porque, además de ser contra derecho y estilo del Santo Oficio, seria espantar á los demás para que no se reduzgan y vengan á pedir la reconciliación, y asi mandará V. S. ver si seria buen medio que, habiéndolos reconciliado, diésemos aviso secreto al Virrey ó á los gobernadores de las provincias donde estuviesen, para que, á instancia del fiscal de S. M., los echen á España por extranjeros de los prohibidos para vivir en las Indias; y como quiera que también se opone este medio á la seguridad con que ellos se presentan y se les debe guardar, contrapesan más esotros inconvenientes y la poca firmeza de su fe. La importancia de el negocio nos ha hecho alargar más de lo que quisiéramos, sobre que proveerá V. S. lo que fuese servido. Guarde Dios á V. S.—México, 20 de Mayo de 1620.—*Doctor don Francisco Bazán de Albornoz.—Don Juan Gutiérrez Flores.*» [1]

---

1. Libro 765, folio 260.

Apesar de todo, el Consejo se limitó á acusar recibo de la nota del Tribunal y á ordenar que se guardara lo que antes habia indicado.[1]

Pero como la causa del mal subsistia, los soldados, por no exponerse á los rigores de las leyes militores, ocurrieron á un temperamento bien singular para lograr emanciparse del servicio en aquellas apartadas regiones, y fué procurar hacerse reos de inquisición, para que, procesados alli, fuesen en definitiva transladados á México.

Esta vez fué el fiscal don Nicolás de las Infantas quien escribió al Consejo manifestando que, por lo relativo á las Islas, lo que habia hallado digno de remedio y de reparo «por los despachos y testificaciones que vinieron de las Islas Filipinas era el mucho desorden y casi común costumbre que los soldados de aquellos presidios tienen en blasfemar de Dios Nuestro Señor y de proferir proposiciones hereticales y sumamente escandalosas, que he presumido que por salir de aquella tierra les debe de parecer ser menos penoso el ser traidos y castigados por este Santo Oficio que no asistir en ella, pues de algunos testificados se dice que acabando de proferir las blasfemias, decian á los circunstantes: «vayan y diganlo á los padres dominicos», en quienes solia estar la comisiatura de este Santo Oficio; y porque con tan pernicioso medio no se dé lugar á que consigan el fin que desean saliendo de aquel reino, además de que, siendo tan dilatada la navegación, suelen morir los más presos, que por la suma necesidad que

---

1. *Decreto de 21 de Octubre de 1620.*

padecen, enferman, y siendo ordinariamente muy pobres, se grava y gasta el fisco de este Santo Oficio muy considerables cantidades en portearlos. Siendo V. E. servido, podrá mandar que el comisario de la ciudad de Manila castigue y actúe, según estilo del Santo Oficio, los blasfemos que fueren testificados y determine sus causas, ó dispondrá la forma que fuere servido, en consideración de los inconvenientes que tengo referidos.[1]

El Consejo halló también esta vez por conveniente idear algún temperamento que pusiese atajo al mal sin desmembrar las atribuciones del Tribunal, y al efecto, por despacho de 27 de Diciembre de 1666 dijo á los inquisidores que indicasen las medidas que podrian tomarse para remediar aquella situación, con cuyo motivo recordaban lo que don Gutierre Bernardo de Quirós habia propuesto antes con ocasión de las dificultades surgidas respecto de la tramitación de las causas de los solicitantes en confesión:[2] temperamento que, según parece, hubo de renovarse igualmente en esta ocasión.

---

1. Carta de 15 de Abril de 1666.
2. Carta de 21 de Abril de 1667.

CAPÍTULO III

Los jesuitas y la Inquisición.—La Compañía de Jesús intenta celebrar unas conclusiones en Manila y el comisario inquisitorial trata de impedirlo.—Tramitación á que da origen este incidente. —Causa seguida al P. Nicolás Cani.—El P. Francisco Manuel Fernández y la india tagala Luisa de los Reyes.—En el proceso seguido á ésta es enjuiciado como cómplice el P. Javier Riquelme.—Defensa que hace el provincial P. Rafael de Bonafé de los jesuitas procesados.—Opinión del Tribunal de México acerca de este proceso.

RESPECTO de la Compañía de Jesús, pasó en Filipinas lo mismo que en América, que creyéndose omnipotente, jamás pudo consentir en que la Inquisición mordiese á ninguno de sus miembros, al menos sin protesta de su parte, ni atentase de modo alguno á la más insignificante de las prerrogativas que creía corresponderle. Fué así la única Orden religiosa que se atrevió á encararse con el Santo Oficio, no, por cierto, sin que de ordinario saliese ajada y quedase á mal traer, á pesar de sus influencias y de los poderosos medios de resistencia con que contaba para oponerse á los que llamaba avances de la Inquisición.

Por Febrero de 1664, los padres de la Compañia quisieron celebrar en Manila unas conclusiones de toda la teologia, entre las cuales se trataba la materia *de auxiliis*, materia que estaba prohibida por un breve de Urbano VIII de 19 de Junio del año anterior, que se habia publicado en las Islas por el comisario y en virtud de órdenes expresas del Tribunal de México.

Asi pues, con la noticia que el Comisario tuvo de que en las conclusiones citadas se ventilaba materia prohibida, las remitió al maestro don Rodrigo de la Cueva Girón y al agustino Fr. Lucas Ortiz, quienes fueron de opinión que, en efecto, se trataba en ellas de lo que estaba prohibido, con lo cual el Comisario, con parecer del oidor don Alvaro Garcia de Ocampo, consultor que era del Santo Oficio; trató de impedir que se tuviesen las conclusiones.

Mas, en ese estado, el P. Diego Luis de San Vitores escribió un papel asentando que en el breve no se prohibian las conclusiones en dicha materia, fundándose en ciertas palabras del mismo breve. Asintió el Comisario, apesar del contrario parecer de sus consultores, á esta opinión; y las famosas conclusiones se celebraron. [1]

Dióse cuenta de todo á México, y después de las consultas de estilo, en que se demostró cuán faltas de fundamento parecian las alegaciones del P. San

---

1. Carta de 3o de Junio de 1670.

Vitores, hubo de escribirse al Comisario que no permitiese se imprimiesen libros, tratados, materias ni conclusiones de la *de auxiliis* sinó con licencia expresa del Inquisidor General y con vista de dichos libros.[1]

Pero los jesuitas no se dieron por vencidos y por medio del P. Andrés de Ledesma, procurador de la Provincia de Filipinas en España, se quejaron de la orden al Tribunal de México: é informando éste al Consejo estampaba las siguientes palabras: «Cierto, señor, que según vemos en su propuesta á V. A. parece podemos discurrir sin temeridad sólo pretende el Procurador General de aquella Provincia singularizarla en que disfrute en sus escuelas lo que á todas es prohibido, y querer con el vencimiento lastimar la sagrada religión de Santo Domingo y su escuela en la ciudad de Manila, y turbar la paz de las religiones, introduciendo opiniones y sentencias tan escrupulosas. Y se fortifica el juicio de parecer ser esta su intención, cuándo ni en ese reino ni en éste ha habido quien replique á la ciega obediencia con que el breve se debe ejecutar, y es de creer que quien solicita tanto la licencia para la disputa de esta materia, entrando en ella, será en lo prohibido, pues para lo que se permite en dicho breve no es necesario licencia ni pretender el que se dé, pues por el mismo breve es permitida.»[2]

Otra causa contra un jesuita se siguió también por esos años. Fué el denunciado el P. Nicolás Caní,

---

1. Carta de 2 de Marzo de 1666.
2. Carta citada de 30 de Junio de 1670.

y la materia del proceso el haber quebrantado el sigilo de la confesión. Confesóse, en efecto, con él un criado del P. Francisco de los Rios, y acusándose de que sentia mal contra un sacerdote, llegó á saber que Rios, habiendo sido despachado de Manila para el pueblo de Santa Cruz, en lugar de seguir su viaje, se habia quedado en la ciudad á dormir en casa de una viuda principal.

Denunciado el hecho por el P. Cani al Provincial se siguió la expulsión de Rios de la Compañia y su remisión á México.

De la misma violación del sigilo sacramental acusaron también á Cani dos soldados que se habian confesado con él y en México el expulso P. Rios. Remitióse su declaración á Manila, ratificóse en la que tenia prestada el racionero don Jerónimo de Herrera, primer denunciante, y examináronse otros testigos, diligencias todas que, iniciadas en 1664, duraron hasta cuatro años más tarde, sin que los inquisidores adelantasen un ápice en la causa, creyendo que, en rigor, aquello no era de su competencia, ya que no habia en el acusado presunción de que juzgase ser licita la revelación del secreto.

Pero los jesuitas sospecharon ó tuvieron noticia del proceso que se habia ido siguiendo contra el P. Cani, y por conducto del mismo procurador Andrés de Ledesma presentaron memorial al Consejo para que se resolviese el asunto. Informando al Consejo decia el Tribunal: «Lo propuesto motiva el sobreseimiento y sólo nos pudiera mover á presumir fuera del celo que debemos tener y de lo que conforme á derecho somos obligados á mirar, la diligencia del Procurador en nombre de su Provincia y adelantarnos á imaginar hay obrado por el P. Cani más de lo que contra él resulta de la prueba: si lo hubiere, y es conveniente al servicio de Dios que sea corregido, la Divina Majestad lo descubra y manifieste á V. A. con soberana luz los intentos esconpidos del P. Procurador y su Provincia, respecto de lo que les acusa su conciencia y que, desconfiados de nosotros, temen imprudentemente.»[1]

Un tercer recurso al Consejo hizo todavia el Padre Ledesma, en el que quedó todavia peor parado que en los precedentes.

Tratábase del proceso de dos padres, uno de ellos, Francisco Manuel Fernández, hombre de 38 á 40 años, doctrinero, residente en Manila, que se empeñaba en sostener que la india tagala Luisa de los Reyes, cuya casa estaba frente al Colegio de San Ignacio de la Compañia, «habia muerto muchas veces y que Dios milagrosamente la habia vuelto á esta vida para que padeciese por las ánimas del purgatorio;» que decia haber tenido siempre deseo de conocer una santa como Santa Teresa, Santa Catalina ó Santa Inés, pero que «después que conocia á su Luisa se lo habia quitado, porque él experimentaba en su Luisa todo lo que de dichas santas se decia;» y que más de veinte veces, estando solo con un colega, ponderando Fernández la santidad de dicha Luisa, dijo: «que aunque la abrazaba, osculaba, tocaba la cara y los pechos de dicha Luisa, no sentia movimiento sensual alguno», y otra porción

___

1. Carta citada de 30 de Junio de 1670.

de actos de esta naturaleza, cuyos detalles seria repugnante referir.

La causa contra Luisa de los Reyes habia sido remitida de Manila á mediados de 1665, la cual se agregó á la testificación hecha en México por aquel don Francisco de los Rios, expulso de la Compañia, de quien hemos hecho ya mención, y pasados los antecedentes en vista al Fiscal, se acordó el examen de algún testigo importante y la formación de proceso aparte contra el P. Fernández.

Seria muy largo de extractar todas las deposiciones que resultaron contra éste, de los raptos que suponia en la india tagala, cuando después de comer se tendia ésta sobre un colchón, «sin descomponerse» y hacia visajes, apretaba los dientes y volvia los ojos y hacia con las manos como que llamaba, y el dicho padre decia que llamaba á algún ángel; de cómo tenía largos borradores de la vida de Luisa con la historia de sus raptos y revelaciones, etc., etc.

Como cómplice de estos hechos se formó también causa al P. Javier Riquelme, porque tenia dicho que á ruegos y oraciones del P. Fernández habia Dios prorrogado la vida á Luisa «para que dicho padre Fernández gozase de su espíritu.»

Todos los antecedentes se enviaron al Comisario de Manila, para que con todo secreto recibiese información y examinase los testigos citados, y entre éstos el P. Juan Bautista Surero, vice-rector del Colegio de la Compañia, que figuraba también como cómplice en la causa.

Hizo el Comisario lo que le ordenaban y á mediados de 1665 remitió de nuevo á México todo lo hasta entónces obrado en el proceso.

Consta de él que fueron examinados, además de Surero, los padres Francisco Pérez, que era comisario del Tribunal en Cavite, Juan de Ezquerra, Miguel Solana, Ignacio Zapata, Francisco Mesina, Miguel Pareja, Ignacio Montes, Francisco Combés.

Averiguóse así que Fernández habia tenido orden de salir de Manila, que se habian examinado sus papeles en consulta por varios de sus colegas, y que al fin se habian quemado para que no quedase rastro de ellos, y que en cuanto á denunciarlo al Santo Oficio, en la consulta celebrada al efecto, sólo uno habia opinado por la afirmativa.

A todo esto, y al ver entrar tantos padres de la Compañia en el convento de San Agustin, á cuya orden pertenecia el Comisario, se armó en el pueblo la sospecha de que se trataba en la Inquisición causa contra algún jesuita.

El P. Rafael de Bonafé, provincial entónces de la Provincia de Filipinas, en vista del proceso que se estaba siguiendo á sus súbditos, escribió al Tribunal expresando, según decia, «algunas circunstancias que diesen luz para el acierto en causa que podia redundar en deshonor de la Compañia y particular de algún sugeto.»

Decia en ella que se habia tenido en Manila noticia de la causa, por haber pedido licencia el Comisario al Gobernador para hacer venir al P. Francisco Pérez; que el delegado del Santo Oficio no procedió con el sigilo necesario y que le trató con poca cortesia no indicándole los nombres de los jesuitas que queria llamar; que no era bueno para desempeñar el oficio; que desde 1658 y, por consiguiente, hacia ya siete años, se habian apartado los padres Fernández y Riquelme del trato de la india Luisa de los Reyes, lo que se hizo por el peligro que podia resultar en que comunicasen cosas de espiritu con mujeres, y más, indias.[1]

«Acaba, dicen los Inquisidores, que no se puede negar que dichos padres la han tenido por mujer buena y que trata de veras de espiritu, y que si no fuese como los padres lo habian pensado, seria yerro en que han caido muchos varones espirituales y doctos, en que, si no hay pertinacia, como no la habrá en dichos padres, venia á ser natural.»

Oigamos ahora los comentarios de los Inquisidores.

«...Todo lo asi testificado se mandó calificar, y en juntas en que concurrieron seis calificadores, y uno de ellos de la Compañia, dijeron los cuatro que las personas que publicaban las cosas eran ilusas en la secta de los alumbrados, y dos, uno de ellos el de la Compañia, dijeron ser embustes, y fueron dando conformes después diferentes cualidades de oficio, y otras con diversidad de más gravedad ó menos, resultando de todo muchas censuras de oficio.

«Lo propuesto, señor, es lo que hay actuado y pasa en la causa perteneciente á dicho padre Manuel Fernández.

«Lo mismo resulta contra el padre Xavier Riquelme.

«También resulta algo, aunque no tanto como con-

---

1. Carta de 10 de Febrero de 1666.

tra los dichos, contra el padre Juan Baptista Surero, todos de la Compañia, contra los cuales y cada uno según va propuesto, está mandado formar proceso, y hasta el presente sólo se ha comenzado á formar contra dicho padre Manuel Fernández, y está sacado contra él hasta el octavo testigo que es el once en orden en la causa actuada contra dicha beata india Luisa.

«Se ha suspendido proceder en esta causa, por haberlo juzgado asi conviniente, dando lugar á sosegar la inquietud que entre los padres de la provincia de Manila se movió, queriendo tomar por religión la causa de los individuos y particulares della, lo cual aún el Provincial no disimula en la carta que nos escribió, y aunque de lo actuado y depuesto por los padres de la Compañia examinados, se está reconociendo, por más que proponen excusas, el crimen incurrido por dichos padres Fernández, Xavier Riquelme y Juan Bautista Surero, y lo obrado por la Compañia en sus consultas para que no fuesen denunciados, y que por todo se reconoce la malicia con que han procedido, hemos dejado de hacerlo en este tribunal por lo propuesto, y porque habiendo llegado á este reino cuando fué remitido lo actuado al Procurador de la Provincia de Manila, no quedó religioso de suposición y cuenta de los de la provincia desta Nueva España que vivisimamente no procurase inquirir y saber de los que en este tribunal asistimos, por si y por otras personas, lo que habia en razón de la causa, sugiriendo contra el Comisario de Manila el que lo quitásemos por de pocas letras, imprudente celo, mucha severidad y poco afecto á la Compañia, dando á entender que todo lo participaban á V. A. y al señor inquisidor general Juan Everardo; y como éstos padres, cuando toman los negocios de los particulares como propios de la religión, no dejan camino ni medio de que no se valgan, aunque sea desproporcionado, viendo el empeño con que se mostraron en esta materia, nos pareció sobreseer su progreso con la noticia que publicaban de que á V. A. y señor Inquisidor general la participaban, y esperar que V. A. nos mandase decir lo que en ella habia, para asi obviar el desasosiego en que los padres de Filipinas y de aqui se hallaban, y que su orgullo se templase y llegasen á considerar, como deben, la prudencia y justicia con que en el tribunal del Santo Oficio se miran y ven los negocios que en él dependen, y también cómo en ellos no se procede arrebatadamente.

«Y ahora que el Procurador de la provincia de Filipinas dió su memorial, y V. A. nos manda proceder y obrar en justicia, y que demos cuenta, cumpliendo lo último, lo hacemos asi, refiriendo todo lo substancial de los autos; y, cuanto lo primero, cumpliremos nuestra obligación é iremos obrando el que los procesos se formen contra cada uno de dichos padres, y aguardamos orden de V. A. para que, conforme lo referido, nos la mande dar de lo que pareciere se obre, que eso ejecutaremos.

«Y no excusamos proponer sentimos que, aunque dicen, según va referido, que dichos padres Fernández y Xavier, están enmendados y desengañados no consta, y esto lo dicen sus mismos religiosos, procurándolos salvar y librar, y antes se percibe sentir lo contra ellos testificado; pues todos los mandatos de los prelados no los pudieron vencer á dejar el trato y la comunicación de la Luisa de los Reyes, y los necesitó la perseverancia y rebeldia á que los desterrasen, y se infiere dello con prudente juicio no han pretendido ni pretenden mas que procurar no se sepa, procediendo en la causa lo que sintieron y creyeron dichos padres y el sentir en que se hallan, tomando la Provincia en si el impedir se sepa y averigüe la verdad, sólo con decir que tienen enmienda, constituyéndose, como de lo actuado parece, el provincial y consultores, juez, calificadores y todo lo demás que V. A. y sus tribunales pudieron discernir y resolver con vista de los autos, y si á esto se da lugar, ya considerará V. A. cómo se frustrará el fin y jurisdicción que en el Santo Oficio reside; y es menester todo cuidado con estos padres porque muchas veces publican afuera unas cosas muy contrarias á las que allá adentro acuerdan y determinan, y en proporción desto sabemos, porque á alguno de nos lo ha dicho Diego de Molina, calificador deste tribunal, cómo en sus consultas cuando suele haberlas sobre algunas cosas que predican sus sugetos ó cuando alguno se prende, y se presume ser la prisión por el crimen de solicitación ú otro semejante, lo disputan todo, y lo regular es, si no hay quien les vaya á la mano, decir y resolver que con corregir á los predicadores, no es necesario pasar á denunciar, y cuanto á los solicitantes poner en probabilidad de que *si moniti rescipuerint* se puede también excusar el denunciarlos, refundiendo en todo el común defender al particular, y como sabemos es-

5

to y cuán de veras lo hacen, no juzgamos el que porque digan que los padres están desengañados debamos pasar por ello; porque también aqui se publicó de repente que el padre Pedro Peleprat, francés de nación y de quien dimos cuenta de haberlo detenido y de los motivos con los autos causados, habia muerto, y después se ha dicho no fué asi sinó que se fué á Francia.

«Y asi, en consideración de todo y de lo demás que se puede discurrir de todo lo referido, V. A. mandara lo más conveniente, que eso ejecutaremos. Guarde Dios á V. A., etc.—Inquisición de México y Julio 17 de 1670.—*Licenciado Juan de Ortega Montañez.— Licenciado don Nicolás de las Infantas y Venegas.*»[1]

---

[1]. De alguuos de los jesuitas que figuraron en estos sucesos, ya como testigos ó como defensores, hemos dado breves noticias en la *Bibliografia española de las Islas Filipinas*, especialmente de los más notables, que lo fueron sin duda los PP. San Vitores, Bonafé y Combés. De lo sucedido con el P. Pelleprat tratamos en nuestra *Historia de la Inquisición de México.*

CAPITULO IV

Insignificante labor de los comisarios del Santo Oficio en Filipinas. —La real cédula de concordia del año 1610.—Noticias biográficas de los comisarios Herrera, González, Paula y otros.—Extralimitación de facultades cometidas por los ministros de la Inquisición.—Prisión del almirante D. José de Chávez.—La vara de alguacil del Santo Oficio.—Real cédula en que se condenan los excesos del comisario Fr. José de Paternina.—Causas de fe de la segunda mitad del siglo XVII.

Salvo dos ó tres causas de importancia, á la cabeza de las cuales debe colocarse, sin duda, la del gobernador de las Islas, don Diego de Salcedo, de la que pronto hemos de tratar por extenso, puede decirse que los comisarios de la Inquisición tuvieron poco que hacer en el desempeño de su cargo. Basta saber á este respecto que en los anales del Tribunal de México no encontramos como procedentes de Manila, sin contar por supuesto los que quedan indicados más atrás, durante toda la primera mitad del siglo XVII, otros reos que Francisco Boyer ó Gómez, natural de Marsella, marinero, denunciado ante el comisario de ser dos veces casado, y que, preso en un viaje que hizo á Acapulco, en Febrero de 1633, fué condenado en cien azotes y en cinco años de galeras; y Fr. Antonio Vallejo, sevillano, que pasó como artillero á Filipinas en 1643, y que habiéndose casado en Manila, salió en el auto público de fe que se celebró en México el 16 de Abril de 1646.

Bien sea por motivo de esta misma falta de trabajo, ó ya porque en todas partes fué achaque común de aquellos ministros del Santo Oficio enredarse en cuestiones con las autoridades á propósito de cualquier cosa, como bien á las claras quedó evidenciado desde los primeros años del establecimiento de la Inquisición en las colonias españolas, y que en una fecha tan temprana como el año 1610 motivó la famosa real cédula llamada de concordia, que hubo por su importancia y por su alcance de incorporarse en la *Recopilación de las leyes de Indias* como una de las fundamentales de la administración colonial de la Monarquía, es lo cierto que en Filipinas sucedió á ese respecto lo mismo que en América.

A título de ilustración en esta materia y como comprobante de lo que queda expresado, debemos recordar aquí dos de los casos de que tenemos noticia, que justifican lo que decimos acerca de los avances de los comisarios del Santo Oficio.

Respecto á quienes hubiesen sido éstos durante ese tiempo, no hay constancia en los archivos del Tribunal, pero de las crónicas de la Orden de Santo Domingo resulta que Fr. Francisco de Herrera, hijo

del convento de San Ginés de Talavera y colegial que habia sido del de San Gregorio de Valladolid, llegado en los años de 1600 á Manila, donde
desempeñó el priorato de su convento, al tiempo de su
elección de provincial, en Mayo de 1629, era ya comisario del Santo Oficio en Filipinas, cargo en el
cual permaneció probablemente hasta su muerte,
ocurrida el 9 de Agosto de 1644. [1]

Por los años de 1646, desempeñaba ese cargo en
Manila Fr. Domingo González, de la Orden del santo de su nombre. [2]

---

[1]. Para más detalles biográficos de este fraile, véase la *Historia
de la Provincia del Rosario de Filipinas*, del P. Santa Cruz, en
la cual se le consagra por entero el capítulo XVII.

En la página 591 del tomo I de la misma obra, escrita por Aduarte y añadida por González, se dan también noticias de la persona
de Herrera.

Y ya que hablamos de esta obra, escrita, como las demás de su
especie, con tanta incoherencia como falta de criterio, al par que
llenas de patrañas, transcribiremos, por tocar á las cosas de la Inquisición, y en comprobación de esto último que decimos, el siguiente párrafo, que se halla contado en la página 53 y que corresponde á un suceso ocurrido el postrero de Abril de 1603.

«...En nuestro convento sucedieron dos cosas de mucha ponde-
ración. La primera, que habiendo comenzado el fuego por una capilla de la cofradia de la Soledad, con la cual estaba junto el cuarto
donde el comisario del Santo Oficio tiene su tribunal y guarda sus
papeles, sin más división que un tabique de nipa (que es de hojas
de palma silvestre, y como yesca para el fuego) salvando esta nipa
el incendio pasó al convento, cuyas paredes y divisiones eran de
piedra, y le abrazó, no se atreviendo á dañar cosas del Santo Oficio; sólo entró dentro una centella que quemó unos papeles de herejes que estaban sobre una mesa, y la sobremesa que era de man-
ta de China, sin hacer otro daño, cosa que vinieron á ver los vecinos de la ciudad, admirados del respeto que hasta este fuego tuvo
á las cosas del Santo Tribunal, y el odio del Señor á papeles y cosas
de herejes...»

[2]. Fr. Domingo González nació en Madrid, en 1573; vistió el hábi-

En 10 de Agosto de aquel año de 1646, el alcalde mayor de la Pampanga, don Antonio Váez de Acevedo fué reducido á prisión por el cómisario González, en virtud de mandamiento del Tribunal de 20 de Marzo del dicho año. Váez Acevedo habia sido denunciado por judaizante, y como al tiempo de su prisión debiese alguna cantidad á la Real Hacienda, se le embargaron por esta causa hasta cinco mil y pico de pesos.

Catorce años más tarde, esto es, en 1661, el cargo de comisario lo desempeñaba Fr. Francisco de Paula. Habia éste nacido en España en 1598, y habiendo pasado á Filipinas en 1628, durante más de tres lustros se ocupó en leer artes y teologia en la Universidad de Santo Tomás, de la que también habia

---

to de Santo Domingo en el convento de la Orden de Guadalajara y de alli pasó á estudiar al de Santa Cruz de Segovia y luego al de San Gregorio de Valladolid, donde permaneció cuatro años. En 1602 llegó á Filipinas, y habiendo tenido un acto de conclusiones con lucimiento, fué nombrado catedrático de moral de la clerecia de Manila, cargo que sirvió por algún tiempo. Destinado en seguida á la provincia de Nueva Segovia, estuvo de vicario en un pueblo de indígenas, y de alli fué nuevamente llevado á Manila. Cuando se fundó el colegio de Santo Tomás, fué su primer regente, y lector de Prima, y varias veces su rector. En 1643 fué elegido provincial, y visitó entonces las provincias de Pangasinán y Cagayán y la Isla Formosa, habiándose visto en esa ocasión obligado por un temporal á arribar á Macán. Terminado su gobierno, fué designado como regente de aquel colegio, y juntamente comisario del Santo Oficio. Hallábase nuevamente de provincial al tiempo de su fallecimiento, ocurrido en Manila el 5 de Noviembre de 1647. Su biografía consta por extenso en las páginas 146-148 de la *Historia de la Provincia del Rosario de Filipinas* de Fr. Baltasar de Santa Cruz.

González fué autor de algunas obras que hemos descrito en nuestra *Imprenta en Manila* (véanse las páginas ix, 16, 21, 36, 38 y 41) y en la *Bibliografia española de Filipinas*, pp. 286-88.

sido rector, así como en su Orden tenia desempe-
ñado en dos ocasiones el cargo de vicario provincial. [1]

Los nombramientos de González y de Paula, ambos dominicos, están demostrando, pues, que en la
práctica no se habia cumplipo con la recomendación
hecha años atrás al Tribunal, de que para el cargo
de comisario en las Islas se prefiriese á los clérigos seculares sobre los religiosos. [2]

En 1661, catorce años después de la prisión de
Váez de Acevedo, como deciamos, el comisario Paula solicitó que de la cantidad embargada por la Real
Hacienda se le entregase la mayor parte, por decir
correspondia al Fisco de la Inquisición, y además
ciertos sueldos devengados por el reo; y como naturalmente los jueces reales se negaron á semejante
pretensión, se formó competencia, la que, remitida
al Consejo de Indias, resolvióse allí, en vista de los

---

1. *Carta del Arzobispo de Manila, de 25 de Julio de 1659.* (Archivo de Indias.)

Estos ligeros datos biográficos pueden completarse mucho con lo
que dice de Paula el cronista Santa Cruz en las páginas 236-41 de
su obra citada. Aqui sólo adelantaremos que fué provincial en los
trienios que empezaron en 1641 y 1657, que habia entrado á suceder
á González en 1647, y que falleció en 1664. á la edad de 67 años.

2. Conforme, sin duda, á esa recomendación, años más tarde,
el Tribunal designó para el cargo al canónigo don José Atienza,
nombramiento que motivó una queja de los dominicos, que lo re-
clamaban como inherente á su Orden, renovándose entonces la oposición á las pretensiones de los religiosos, á nombre de los jesuitas, por el padre Diego Francisco Altamirano, que alegaba que el
comisario domínico tendria que resultar siempre apasionado contra la Compañia. *Memorial de Altamirano, legajo 7.° de expedientes de México.*

Zanjóse en aquellos dias la dificultad del nombramiento de comisario antecedentes, en 27 de Julio de 1670, (¡un cuarto de siglo después de iniciado el proceso de Váez!) despachar una real cédula al Virrey de México noticiándole el exceso del comisario, y que, á la vez, previniese al Tribunal que se notificase á aquél que se condujese en adelante conforme á la concordia del año de 1610.

Hízolo así, en efecto, el Virrey, y el inquisidor Ortega hubo con ese motivo de darle explicaciones de lo sucedido, acordándose que por entonces no habia que hacer «y que para lo que se ofrezca en lo de adelante tocante á esta razón, se darán los medios convenientes al comisario de Manila». [1]

Pocos años después, por Diciembre de 1670, hallándose también en la Pampanga el comisario que entonces era Fr. José de Paternina, de quien hemos de hablar pronto, fué preso por la Audiencia el almirante don José de Chávez, que en doce de Mayo del año anterior habia sido recibido allí como familiar del Santo Oficio y ejercia el cargo de alguacil mayor por muerte del almirante don Francisco Alfonso de Vizcarra.

Apesar de que el reo no declinó de jurisdicción,

_____

designando uno especial de la misma Orden para los jesuitas, habiendo á este ejemplo concedido otro para los franciscanos el inquisidor general don Diego Sarmiento de Valladares. Por muerte de ese comisario llamado Fr. Mateo de Zaragoza, ocurrido en 1696, los franciscanos volvieron á impetrar la mismo gracia, pidiendo además cuatro calificadores de la Orden, «por ser tan dilatado el país y infestar con los comercios continuos que allá hay, á los pobres cristianos, los muchos que concurren contrarios á nuestra religión y buenas costumbres.» *Memorial* de Fr. Bartolomé de la Trinidad, sin fecha.

1. Carta de 8 de Agosto de 1671.

ni pretendia hacer valer, por consiguiente, los fueros del Santo Oficio, habiendo regresado Paternina á Manila, juntó á los consultores doctor don Diego de Cartagena y licenciado don Eugenio de Mendoza, y resolvieron que el comisario confiriera verbalmente el caso con las autoridades, reservándose Paternina proceder juridicamente si en la consulta no se acordaba la libertad del preso. Resultado de la conferencia que celebró con el gobernador don Manuel de León y con el oidor don Francisco Coloma, fué que le diesen á entender que no convenia que pretendiese impedir la prosecución de la causa; y en vista de esto, en Mayo de 1671, apercibió dos veces al escribano para que le diese testimonio de la causa, llamándole á declarar al Santo Oficio. Por aquél supo que Chávez estaba preso por haber azotado cruelmente á un mestizo de sangley, zapatero, llamado Justiniano de la Cruz, á causa de echarle á perder unas botas que debia sacar en el paso del pendón, y que por ello habia sido condenado en ocho años de destierro, cincuenta leguas de Manila, y en dos mil pesos de multa. Amenazóle primero, y aún llevó á efecto excomulgarle, sin conseguir, sin embargo, la copia del proceso.

Con este motivo Paternina escribia á México y profundamente lastimado de lo que estaba pasando, exclamaba:

«Le prendieron, señor, teniendo su vara en la mano y con ella le llevaron á las casas del Cabildo, y sin atención alguna le han desterrado y multado, cosa escandalosa y perjudicial en gran manera á la autoridad del Santo Tribunal, y si yo no he sacado la cara es por haberse prohibido á los comisarios el dar inhibiciones sin consultar al Santo Tribunal». [1]

Esta carta se recibió en el Tribunal de México el 7 de Enero del año inmediato, y ya al dia siguiente se presentaba el Fiscal expresando «que porque de los dichos autos resulta grave desdoro y perjuicio al Santo Oficio y vilipendio á la vara alta de su justicia, digna de todo respeto y veneración, siendo V. S. servido, mandará despachar su comisión en forma al Comisario de Manila para que examine más testigos y haga plena probanza de lo contenido en estos autos y proceda por censuras y todo rigor de derecho contra dichos oidores y escribano y demás ministros hasta que le entreguen dicha causa».

Después de tanta prisa, los autos estuvieron detenidos más de dos años en el Tribunal, hasta que en Marzo de 1674 el nuevo fiscal D. Alonso de Ceballos hizo suya la petición de su antecesor, mandando el Tribunal que se sometiese todo al Consejo, como se hizo en 1676 con carta en que le decia que la Audiencia de Manila habia procedido en la forma expresada «para abatir los ministros de este Tribunal y para que no hubiese alguacil mayor que ejecutase lo mucho que cada dia se ofrecia», esperando que á ello se pusiese remedio.[2]

A este respecto conviene que sepamos que años antes la vara de alguacil de la Inquisición habia sido sacada á pregón muchas veces sin encontrar interesados, hasta que, en 1652, la remató en la suma de

---

1. Carta de 23 de Mayo 1671.
2. Carta de 20 de Mayo de 1676.

mil pesos al alférez Bartolomé Martínez, [1] de cuyo poder había pasado, según creemos, al del almirante Vizcarra, y por su muerte, como queda dicho, á manos de Chávez.

Por esto se ve, pues, que si á juicio del comisario y del Tribunal era indispensable el cargo de alguacil, no era fácil encontrar en las Islas personas que estuviesen siempre dispuestas á pagarlo; y en cuanto á que fuese empeño de la Audiencia el que no hubiese alguacil inquisitorial, en realidad no pasó tal cosa, pues aquélla, á pesar de todos los inconvenientes que traía aparejados en la práctica el ejercicio de semejante cargo, aceptó el que continuase existiendo en las Islas. [2]

Más aún: el alguacil mayor fué restituido á la posesión de asistir como regidor en las funciones públicas de la ciudad con la vara del Santo Oficio, por orden de la Audiencia, sin llegarse á notificar las disposiciones del Tribunal que mandaban lo mismo y que la Audiencia no las había querido antes reconocer. [3]

El caso fué, sin embargo, que precisamente á propósito del incidente de Chávez de que hemos hablado y que aparece completado en el documento que vamos á reproducir, el monarca se creyó en el caso de dictar una cédula especial reiterando los términos de la de concordia de 1610.

«La Reina Gobernadora.—Presidente y oidores de la Audiencia Real de la ciudad de Manila de las Islas

---

1. Libro 771, hoja 113.
2. Carta de 4 de Mayo de 1677.
3. Carta de 17 de Marzo de 1625.

Filipinas. En veinte y dos de Mayo del año pasado de mil y seiscientos y diez mandó despachar el señor rey don Felipe tercero (que sea en gloria) una cédula para el marqués de Salinas, virrey y capitán general que fué de las provincias de Nueva España, avisándole lo que se habia resuelto y acordado en razón de las competencias que habia habido y habia entre los ministros y justicias seglares y los tribunales de las Inquisiciones de las Indias, en la cual hay un capitulo número diez y seis, cuyo tenor es como se sigue:—Item, que en la Veracruz, por ser puerto principal y escala dese reino, haya un alguacil de la Inquisición, el cual goce del fuero de ella como familiar, y los alguaciles que hubiere nombrados en las otras ciudades y villas y lugares de los reinos de las Indias, se quiten luego.—Y ahora en carta que me escribisteis en quince de Junio del año pasado de mill y seiscientos y setenta y uno, dais cuenta en los capitulos diez y once de ella de que fray Joseph de Paternina, de la orden de San Agustin, comisario del Santo Oficio de esa ciudad de Manila, queria tener en todo intervención y jurisdicción, con voz y sonido de Inquisición. Y que llegaban sus excesos y los de los ministros que á cada paso nombraba á tal grado, que, habiéndose querellado en esa Audiencia Justiniano de la Cruz de don Joseph de Chávez, encomendero y regidor de esa ciudad, sobre haberle llevado de mano poderosa á su casa y tratádole tan cruelmente él y dos negros suyos que le dejaron por muerto; le tuvo el dicho comisario con prisiones, encerrado tres dias, haciendo cárcel privada su casa, por causa muy leve, hasta que, informado de ello vos el presidente, enviásteis á sacarle, estando hecho un espectáculo digno de conmiseración; y que habiéndose substanciado y concluido la causa y condenádole esa Audiencia por sentencia de vista y revista en destierro y otras penas, y estándolo cumpliendo, salió el dicho comisario, mandando al escribano de cámara por dos autos que le entregase la causa original, pena de excomunión y de quinientos pesos, con ocasión de ser el dicho don Joseph de Chávez alguacil mayor de la Inquisición; y referis por menor los lances que sobre esto pasaron, y que los movimientos y operaciones de este comisario los ocasionaba desde el convento de San Francisco el licenciado don Joán Manuel de la Peña Bonifaz, oidor que fué de esa Audiencia; y habiéndose visto en el Consejo de las Indias, con lo que en esta razón escribisteis vos el presidente en carta de quince de Junio del año de mil y seiscientos y setenta y uno, y lo que sobre ello pidió el fiscal, ha parecido mandaros (como por la presente lo hago) que en conformidad de lo que está dispuesto por el capitulo diez y seis de la concordia del año de mill y seiscientos y diez, que en ésta va inserto, no permitais que en el districto desas Islas haya alguacil mayor de la Inquisición, ni que goce del privillegio del fuero, pues este oficio sólo se permite en el puerto de la Veracruz, excluyendo todas las demás ciudades de las provincias de la Nueva España, como se declara en el capitulo de la concordia arriba inserto; y del recibo y cumplimiento de este despacho, me avisaréis en la primera ocasión que se ofrezca.—Fecha en Madrid, á tres de Septiembre de mill y seiscientos y setenta y dos años.—*Yo la Reina.*—Por mandado de Su Majestad.—*Don Francisco Fernández de Madrigal.*— (Hay cuatro rúbricas.)»

Según se ha visto, la disposición real que acaba de leerse no podia ser más terminante. ¿Cómo fué, sin embargo, que á pesar de que en ella se ordenaba suprimir el cargo de alguacil mayor de la Inquisición en las Filipinas, la Audiencia, que debió conocerla y por lo mismo acatarla, no sólo permitió que subsistiese semejante funcionario sinó que aún dió pruebas de reconocerle hasta el menor de sus privilegios?

Después de esto no puede parecernos extraño que luego subieran de punto las exigencias del comisario, apoyado por el Tribunal de México. El hecho siguiente lo manifiesta, en efecto, bien claro. Don Francisco Pizarro de Orellana, maestrescuela de Manila, hizo dejación de los puestos de corrector de libros y honesta persona, por haber sido nombrado con esa condición comisario de cruzada: noticia que trasmitian los inquisidores al Consejo «para que se sirviese aplicar el remedio que pareciese á V. A. convenir para crédito de los ministros del Santo Oficio.» [1]

Antes de hablar de la causa del gobernador Salce-

---

1. Carta de los Inquisidores de 2 de Mayo de 1664. En el Consejo se les respondió simplemente que estaba bien.

Pizarro y Orellana es uno de los autores de quien nos ocupamos en nuestra *Imprenta en Manila*, n. 103. Presentado en 1680 para el obispado de Nneva Segovia, falleció tres años después, el 2 de Septiembre de 1683.

do, á que hemos ya hecho referencia y que marca el punto culminante á que llegó en las Islas el poder inquisitorial, debemos de recordar algunas otras de menor importancia, que servirán para completar el cuadro que nos cumple trazar de lo que fué el Santo Oficio en las Filipinas durante el siglo XVII. Por junto, todas no alcanzan á una docena.

Fray Juan de Salcedo, lego de San Juan de Dios, por haber celebrado misa sin estar ordenado, fué procesado en 1674, y remitida en discordia su causa á Madrid, se le mandó prender por auto del Consejo de 27 de Noviembre de 1676, sin que haya constancia de si llegó á cumplirse con esa orden.

En 1677 el comisario que entonces era Fr. Diego de San Román, dominico, levantó en Manila una información contra don Lorenzo de Medina, portugués, penitenciado por la Inquisición de Lisboa, que fué acusado de haberse fugado á las Islas hallándose cumpliendo todavia su condena. Pero temeroso quizás de que se le buscase, se escapó, á principios de aquel año, á México, andando por la ciudad, según se dijo, «con ánimo de embarcarse para España». [1]

Un tio de Medina, llamado Manuel Suárez de Olivera, fué también procesado como judaizante, pero falleció con muestras de buen católico. [2]

Juan de Soto Sandoval, clérigo de menores, de edad de treinta años, testificado de haber dicho misa y administrado los sacramentos de la penitencia y

---

1. Carta de los Inquisidores, fecha 11 de Febrero de 1677.
2. Carta de los Inquisidores de 10 de Febrero de 1678.

matrimonio, extremaunción y bautismo. Era el reo natural de Manila, hermano del canónigo D. José de Soto, y había cometido esos excesos en el pueblo de Lubao. Habiendo mediado discordia sobre su prisión, se consultó el caso al Consejo y con su respuesta, se mandó prenderle en Marzo de 1674, en cuya uirtud ingresó en cárceles secretas el 7 de Febrero de 1676. Salió al auto de fe que se celebró en la iglesia de Santo Domingo el 20 de Marzo de 1678, con vela en las manos, oyó la lectura de su sentencia con méritos, abjuró *de levi*, y fué enviado á servir por dos años como soldado en el morro de la Habana. [1]

Salió también al auto Agustin de Arrieta, expulso de la Orden de San Agustin, vecino de Manila, de 39 años de edad, testificado de haber administrado igualmente el sacramento de la penitencia á muchisimas personas, sin estar ordenado de sacerdote. Mandado prender en 6 de Marzo de 1675, entró en las cárceles en 10 de Febrero del año siguiente, y llevó penas semejantes.

Juan de Chavarria, soldado, residente en Manila, preso por reniegos y blasfemias, que por haber llevado ya en aquella ciudad tres «tratos de cuerda,» y estar condenado á dos años de galeras por el alcalde mayor, fué mandado comparecer ante el comisario para que abjurase *de levi*, y en seguida enviado preso á México, donde salió también en dicho auto.

Fr. Juan Camacho, provincial que había sido de Santo Domingo en Filipinas, condenado en 6 de Marzo de 1679 por solicitante, que hubo de compare-

---

1. Libro 780, hoja 333 vuelta.

cer ante el Tribunal y la ejecución de cuya sentencia dió origen á un escándalo inquisitorial. En efecto, después de haber salido de la audiencia el Ordinario de Manila, el inquisidor don Martin de Soto Guzmán, mandó al nuncio fuese á llamar al reo para efecto de leerle la sentencia «y proceder á lo demás, conforme á ella, y habiendo precedido esto, cuenta el secretario del Tribunal, salió de la cámara del secreto á la dicha audiencia el señor licenciado don José de Omaña, inquisidor fiscal de este Santo Oficio, dando voces y gritos, y diciendo que no se habia de ejecutar la dicha sentencia, y subiendo las gradas de dicho Tribunal, se llegó muy airado y enojado al presente señor Inquisidor y diciéndole palabras injuriosas, le dió á puño cerrado en los pechos grandes golpes, con juramentos de que no se habia de ejecutar la dicha sentencia». [1]

Por fin, el P. Francisco Blanco, religioso profeso de cuarto voto, de la Compañia de Jesús, natural de Susani en Oviedo, de edad de cuarenta y tres años, denunciado en Manila en 1682 y en 1683 como solicitante, fué enviado á prender y llegó al Tribunal en Abril de 1686: recibió por cárcel su convento y

---

1. Hoja 40 del proceso de Camacho.

La oposición del Fiscal se fundaba, aparte de la enemistad y contradicción que profesaba á sus colegas, en que el reo habia apelado y en que el recurso le estaba concedido en ambos efectos. De modo que tenia razón, aunque, por cierto, no para hacerla valer á puño cerrado.

La sentencia de Camacho se confirmó en Madrid por auto de 16 de Octubre de aquel mismo año.

Camacho era hijo del colegio y convento de Nuestra Señora del Rosario de Almagro. Véase el libro citado de Santa Cruz, página 160, col 1.

6

fué penitenciado en 18 de Febrero del año siguiente en la sala de audiencia. Consta que se hallaba en Sevilla en 1689. [1]

Para terminar con lo relativo al siglo XVII, diremos que los últimos comisarios de que alcanzamos noticia que el Tribunal tuvo en las Filipinas, fueron fray Juan de los Angeles, Fr. Felipe Pardo, más tarde arzobispo de Manila, y Fr. Bartolomé Marrón, quien juró el cargo en 28 de Abril de 1680. [2]

---

1. Libro 780, hojas 356 y siguientes.

2. Los tres pertenecían á la Orden de Santo Domingo, en cuyas crónicas hallará el lector abundantes noticias biográficas, sobre todo en Santa Cruz, pp. 442 y siguientes, por lo tocante al primero. De Fr. Felipe Pardo, cuyo nombre llegó á hacerse célebre en Europa por las persecuciones de que fué víctima, no necesitamos hablar aquí.

Marrón era vallisoletano. En 1686 fué elegido provincial de Filipinas. Véase á Collantes, *Historia de la Provincia del Rosario,* libro I, cap. 47.

CAPITULO V

PATERNINA y Salcedo se habian conocido á bordo en el viaje de Acapulco á Manila. Puede decirse que desde entonces el agustino habia cobrado un odio profundo al Gobernador. Como suele de ordina-

rio acaecer en un largo viaje por mar, hay personas
que simpatizan entre si desde el primer momento, y
por el contrario, otras en que por un principio de an-
tipatia, con el trato de todos los dias, comienzan por
mirarse de reojo y concluyen por aborrecerse. Fué
lo que sucedió entre Salcedo y Paternina. Ambos se
hicieron cabeza de dos bandos opuestos, allegándo-
se al del gobernador el mismo provincial agustiño,
Fr. Alonso Quixano, que manifestaba por su sü-
bordinado un mal disimulado desprecio. El odio de
Paternina hacia el gobernador subió de punto cuando aquél quitó la plaza de general de la armada á
D. Andrés de Medina, intimo del comisario, y más
aún cuando luego de llegar á Manila, Salcedo se negó á colocar «en algún oficio de utilidad» al capitán
Gonzalo Samaniego, sobrino del agustino, ocasión
en que Paternina no pudo ya contenerse y ofreció
abiertamente vengarse del gobernador.[1] ¡Calcúlese
á cuanto subiria poco después el aborrecimiento de
Paternina al saber que Salcedo habia pasado á ser
amante de una mujer casada que antes habia concedido sus favores al agustino!

Porque es conveniente saber que el comisario se
las daba de galán afortunado, y de tan mal ejemplo,
según declaración de alguien que le conoció de cerca,
que «ha estado con notoriedad mal amistado, y aún
se alabó al P. difinidor Fr. Francisco Vasco, augus-
tino, que en México sustentaba cuatro ocasiones ilí-
citas, y por haberle quitado una de ellas D. Diego

---

1. Memorial de Sebastián Diaz de Castro al Consejo: Madrid, 6 de
Junio de 1675.

Salcedo, se declaró enemigo suyo, no sólo en la nao
en que vinieron, donde fué esta enemistad pública,
sino después acá, continuada hasta agora con la mesma publicidad».

Paternina quiso naturalmente continuar en Manila la vida disipada que habia llevado en México, pero
tropezó alli con el grave inconveniente de que el
provincial Quixano no le quiso dejar salir á deshoras del convento, orden en la que es de suponer Paternina creyó columbrar la mano del gobernador
Salcedo.

La vida que Paternina llevara en España no
habia sido tampoco más edificante; á cuya falta de
conducta se unia un caracter naturalmente vengativo y una ignorancia supina. Bástenos, respecto de
algunos de estos puntos, citar las frases siguientes
de dos documentos en que se le pinta con aquellos
colores: ...«un hombre apóstata algunos años de su
religión, como es pública voz y testifican muchos
religiosos de su provincia de Castilla, y que es tenido por tan corto en lo adquisito como en lo natural,
varón que su definitorio por dos veces propuso al
Santo Tribunal de México para que le quitasen el
oficio, recelando padecer descrédito por los yerros
que preveia.»

Protestó vengarse (de Salcedo), dice otro, «como
lo ejecutó en el padre Fr. Cristóbal de León, religioso preeminente de su propia profesión, que porque
en una ocasión le dijo que era indigno de ocupar
tan relevante cargo, por haber sido apóstata en ella,
porque fué condenado á galeras por el General de
su Orden cuando visitó los conventos de Castilla la

Vieja, cobróle tal odio, que, por vengarse dél, presentó escrito ante su Provincial, deponiendo de judío y usurario, porque fué preso y tratado con la riguridad que solicitó, que le costó la vida.»

En cuanto á los méritos que tuviese contraidos Paternina, sólo hay constancia de que en 1661 habia pasado como comisario de su Orden á las Indias.

Tal era el hombre que el Inquisidor General habia designado para comisario del Santo Oficio en las Filipinas, en reemplazo de Fr. Francisco de Paula, muerto hacia poco.

No puede, pues, parecer extraño que luego de principiar á ejercer el cargo inquisitorial, comenzase por hacer entuerto tras entuerto. Como hubiese enviado preso á México á un muchacho soldado, llamado Pedro de Armentia, en cuya causa no habia calificaciones y si otras faltas, y respecto de quien algunos testigos decian que lo que proferia era como falto de juicio, le reprendieron los inquisidores.[1]

Y á tal extremo llegaron pronto sus desaciertos, que según informe de persona digna de fe, «considerando lo rigido de su natural y la insuficiencia para representar la dignidad que obtiene, dieron aviso sus prelados al Tribunal de México para que se le aplicara el remedio necesario nombrando otro.»[2]

Este mismo D. Luis de Matienzo «y sus republicanos» de la ciudad de Manila, escribieron también al Inquisidor General denunciando los procedimientos de Paternina, cuyas deposiciones se mandaron

---

1. Carta de 8 de Marzo de 1669.
2. Carta de Luis de Matienzo, Zebú, 2 de Julio de 1669.

después acumular en su contra, de orden del Consejo, si bien cuando ya su conducta desatentada y vengativa no tenia remedio! [1]

Por el mes de Febrero de 1666, llegaba á Acapulco una nave de Filipinas con cartas del Comisario, del notario arzobispal y del castellano de Manila informando «de lo poco que Salcedo cuidaba del servicio de Dios y del de Su Majestad». Hizose el hecho notorio, hablándose en el público mal «de su fidelidad en materias de las obligaciones que eran de su oficio y la comunicación que tenia con los herejes holandeses,» de tal modo que los inquisidores creyeron conveniente dirigirse al Virrey para participarle las noticias con que se hallaban. [2]

Poco después, el arzobispo Poblete en carta al Inquisidor General referia las esperanzas que había concebido de que el mal estado en que se hallaban las Islas en principios de 1663, mejorase con la llegada de Salcedo. «Me pareció, dice, oyendo sus dictámenes y razones, que su celo era bonisimo, su intención muy sana y que le venia á esta tierra su remedio, y á los primeros pasos de su gobierno fué descubriendo un ánimo severo, una dureza de corazón y protervia de dura condición llena de insaciable codicia.»

«Reconozco sus grandes servicios, añade, siendo maestre de campo en Flandes en los ejércitos de S. M., pero no se niegue que no es todo español, y más cuando el afecto lo manifiesta en el efecto, y que

---

1. Carta de 11 de Diciembre de 1671.
2. Carta del Tribunal al Consejo, México, 17 de Abril de 1666.

su inclinación y amor no le aplica á los españoles, sinó á los extranjeros: luego que llegó fué despidiendo á todos los que tenia en palacio y trujo de España, introduciendo holandeses flamencos, y para esto envió á Jacatra ó Batavia á pedir á los holandeses le enviasen algunos que le sirviesen y se los remitieron; aplicó uno á mayordomo y los demás en otras ocupaciones de su casa, que son los que hoy tiene de su servicio, y de los que se compone su palacio, y lo más dañoso para esta tierra y que se debe llorar es que, siendo extranjeros, son también extrañas sus costumbres y no católicas, y con publicidad se conoce que el uno es calvinista y sigue la secta de Calvino, y á esta gente nuevamente convertida, es grave daño y perjuicio y que apestará esta viña, que tanto ha costado al Rey, nuestro señor, y á tantos varones apostólicos que han plantado la fe en ella.»

Sigue luego el prelado hablando de las negociaciones del Gobernador, de su administración en materias de real hacienda, de la poca pureza de su manejo, y luego continúa: «el poco cuidado al gobierno y divertimiento á la cudicia y á la asistencia á una mujer casada que tiene en su compañía, con gran nota y escándalo, y asistencia con su marido llevándola en la carroza y embarcada consigo por el rio, es tan grande, que desde que vino á estas Islas no ha tratado de cosa que mire al augmento y fortificación desta plaza...

«Lo poco devoto á Dios y á la Iglesia es tan notorio que ni á fiesta de tabla asiste, antes cuando el dia obliga, busca ocasión de hacer ausencia; ninguna frecuencia de sacramentos, ni se sabe confiese y comulgue, sinó es para cumplir con la Iglesia y Semana Sancta; sermón no le oye, y teniéndole la Real Audiencia en su capilla los miércoles y viernes de las cuaresmas, no se probará ha oido ni siquiera uno...»[1]

Junto con esta carta del Prelado recibieron los Inquisidores otra del comisario Paternina dándoles cuenta del viaje simulado que, con licencia del Gobierno, habia hecho á Batavia una nave que á su regreso volvió cargada de mercaderias y tripulada por holandeses, como ser el piloto, hereje calvinista, y que tres de ellos se habian quedado al servicio del Gobernador, uno hortelano, otro cocinero y el mayordomo, de los cuales, al menos el primero, era conocidamente luterano. Referia la mala amistad de Salcedo con una mujer casada, y que en general todas sus acciones lo hacian sospechoso de poco católico.[2]

Con vista de estos antedentes, mandó el Tribunal que el comisario que tenia en Acapulco procediese con todo secreto á recibir información de los tripulantes y pasageros llegados de Filipinas sobre los hechos denunciados.[3] Hizolo asi, en efecto, el delegado del Tribunal, y mientras se ejecutaba, Ortega Montañés recibió recado del virrey Marqués de Mancera, rogándole que pasase á palacio. En la conferencia que ambos celebraron, comenzó el Virrey por manifestar que en las cartas que habia recibido

1. Carta de 20 de Junio de 1666.
2. Carta de 5 de Junio de 1666.
3. Decreto de 11 de Febrero 1667.

de Manila, del obispo de Zebú y del Arzobispo se le hacian insinuaciones misteriosas sobre la conducta del Gobernador, cuyo alcance no llegaba á penetrar por entero y que, asi, le rogaba tuviese á bien comunicarle las noticias que el Santo Oficio poseyese, como ya lo habia ejecutado el año anterior. A lo que repuso Ortega Montañés que las del Tribunal no adelantaban tampoco mucho más á las que él tenia, ofreciendo trasmitirle las que esperaba pronto recibir.

Pasaba esto el 24 de Marzo de 1667, y ya dos dias después, cumpliendo el Inquisidor su promesa, enviaba al Virrey lo que habia podido alcanzar de la información levantada en Acapulco.

Todos estos antedentes, que implicaban un principio de proceso para Salcedo, fueron remitidos al Consejo, donde luego se mandó que por entonces se suspendiese la causa y se escribiese al Comisario de Manila que «estuviese con cuidado, y si resultase otra cosa más contra al Gobernador, recibiese información y la enviase.»[1]

Hízolo asi el Tribunal, según escribia después,[2]

---

1. Acuerdo del Consejo de 22 de Noviembre de 1667.

2. Carta al Consejo de 16 de Junio de 1669. Del tenor de la orden enviada al Comisario en 9 de Marzo de 1669, no se desprende semejante cosa: «Con esta remitimos el capítulo incluso, le decian, de una carta que en este Tribunal se ha recibido en razón de la continuación que tiene en su vida y costumbres y comercio con holandeses herejes el gobernador de esas islas D. Diego de Salcedo, y sin embargo que en esta ocasión le va subcesor, como en otra se le escribe, ha parecido conveniente reciba información de lo contenido en dicho capítulo y que examine á Fr. Alonso Coronel en lo que es citado, y á los demás que pareciese conveniente.» Se ve, pues, que, así, no cumplieron con la órden del Consejo, y que al saber después la prisión de Salcedo, asustados de lo hecho por Paternina, quisieron

pero era ya tarde... No faltaron, sin embargo, en esa ocasión, amigos oficiosos que anunciasen á Salcedo la tormenta que se estaba preparando contra él en vista de lo que se obraba en México; pero no quiso hacer caso de semejantes advertencias y seguro de su poder y con el puesto de que se hallaba investido, se dejó estar en medio de la turba de envidiosos y de enemigos encarnizados que le rodeaba.

Más aún: la misma Reina le habia dirigido una real cédula manifestándole las noticias con que se hallaba acerca de su poca atención á los prebendados de la catedral y otras incidencias, «de lo que se conoce, le decia, el poco afecto que tenéis á todo lo eclesiástico, pues faltáis á la asistencia del culto divino y fiestas de tabla, asi de la Catedral como de las Religiones, sin estar impedido por falta de salud, á cuyo exemplo se excusan los oidores, Cabildo y Regimiento; y se os advierte, concluia el soberano, cumpláis en esta parte con vuestra obligación y oficio, sin dar este mal ejemplo, por ser tan importante y necesaria la asistencia y veneración al culto divino en esas provincias por los muchos infieles que los asisten y rodean.»[1]

No puede, pues, caber duda de que el Comisario, instigado por los que le rodeaban, tenia ya resuelto proceder á dar el golpe preparado desde tanto tiempo atrás contra el Gobernador. Al intento

poner su responsabilidad á salvo, lo cual no puede deducirse de sus órdenes á Paternina. Además, esta orden la escribieron en Marzo de 1669, mucho tiempo después de hallarse con las instrucciones del Consejo.

1. Real cédula de 11 de Noviembre de 1666.

de iniciar el sumario inquisitorial, en 4 de Septiembre
de 1668, Paternina se transladó á casa del general don
Sebastián Rayo Doria, por hallarse éste indispuesto,
El denunciante declaró que «era común opinión, y
baza asentada que Salcedo era hereje y que lo com-
prueba su modo de obrar, y dice más, que unos
holandeses cocheros. suyos le dijeron á una doña
Clara de Molina que no era flamenco sino holandés
de los paises de los herejes y que se crió pequeño
en Flandes, y que al capitán Juan de Aro, que asis-
tia de ordinario en palacio, y andaba con su rosario
en la mano, le dijo ¿qué anda con ese rosario? ¿No
basta que reze cuando oye misa?» Dice más este declarante: que vió que el general don Fernando de Bobadilla traia por devoción de ordinario su rosario
en la mano, y desde que entró á asistir al dicho Gobernador, como persona de su afecto, no lo trae, lo
cual presume será en gracia de dicho Gobernador.»

Inútil seria que continuásemos extractando la larga
declaración de Rayo Doria, pues para muestra de lo
que contiene, creemos bastará con lo queda apuntado.

El 11 de aquel mes llamó Paternina al capitán D. Nicolás Muñoz de Pamplona, al dia siguiente al bachiller D. José Carrión, y sucesivamente al capitán
Diego de Palencia, que era familiar del Santo Oficio,
Miguel Fernández Maroto, al licenciado Alonso Pe-
rez Doca, Juan de Haro Molina, hombre de la
intimidad del denunciado, como que vivia en palacio,
por cuya causa, expresa el comisario en nota del
proceso, no pareció conveniente hacerle las preguntas en que estaba citado. Oigamos, sin embargo, lo
que dijo: «Que lo que sabe es, por haberlo oido así

comunmente en la ciudad, que el Gobernador de estas Islas no parece católico, según sus obras; y este declarante, fuera de haberle visto oir una misa y cuando tocan las ánimas rezar, no le ha visto otra acción devota.»

Fr. Juan de Paz, que se presentó sin ser llamado, Benito de Castañeda, soldado de artilleria, Diego de Medina, enfermero del hospital, D. Francisco Enriquez de Losada, el Almirante D. Francisco Alonso de Vizcarra, que fueron declarando unos en pos de otros, hablando todos de la opinión que el Gobernador se merecía en el pueblo, de sus negocios con holandeses, de que se sospechaba que queria escaparse á Batavia, del peligro en que el catolicismo se hallaba en las Islas con el frecuente trato de herejes, y de nimiedades como las que quedan consignadas.

Con la información hecha y acabada conforme al gusto del Comisario y de los que en ella depusieron, no podia, sin embargo, procederse á la prisión de Salcedo. Para ello se necesitaba que hubiese constancia de que el reo pretendia fugarse, hecho sumamente dificil de probar, pero que no arredró al comisario, dispuesto ya á atropellar por todo. Comenzó primero por hacer calificar las proposiciones imputadas al Gobernador, llamando para ello nueve padres lectores catedráticos de las órdenes de Santo Domingo, San Francisco y de la Compañia de Jesús,[1] nombrados todos en 28 de Septiembre de 1668, de los cuales dos dijeron pertenecer la causa al

[1]. Estos frailes fueron, por el orden en que dieron su parecer: Fr. Francisco Solier, provincial de San Francisco. Fr. Juan Godinez y Fr. Agustin de San Pascual Bailón, agustinos; Fr. Juan de Paz y

Santo Oficio, juzgando al reo vehementemente sospechoso en la fe y en la herejia de Lutero y Calvino.

Estaba ya conseguido asi el primer paso exigido en las instrucciones para la prisión del delincuente; faltaba sólo llamar consultores, que lo fueron el deán D. José Millán de Poblete, el canónigo don Francisco Pizarro de Orellana, el licenciado don Manuel Suárez de Olivera, procesado luego por judio, «atento no había otro desembarado,» [12] que el mismo dia 6 de Octubre y el siguiente del en que fueron llamados, daban su parecer de que se podia proceder á la prisión, pues concurrian de sobra las tres condiciones estatuidas en el código de procedimientos de la Inquisición.

Una de estas era, como hemos dicho, la de la fuga: «téngolo por supuesto coloreado, expresaba el sucesor de Salcedo, don Manuel de León, respecto de que habiendo hecho exactas diligencias y tomado diferentes informes secretos de las personas de más cuenta, virtud é independencia que hay aqui para saber lo constante de este particular y dar cuenta (como la doy de todo á S. M.) no hallo que haya fundamento para presumir tal fuga, antes bien.

Fr. Diego de San Román y Fr. José de Vusi, dominicos; y los jesuitas Juan de Landa, Francisco Salgado y Tiburcio de Cifuentes.

12. D. Diego de Cartagena Pantoja servia de consultor del Santo Oficio en Manila, mas como no era de los enemigos del Gobernador, no fué llamado á la consulta. Salcedo cuando fué preso lo eligió por su abogado, pero el comisario no quiso darle permiso para aceptar la defensa. Con este motivo expresaba después Cartagena Pantoja: «Yo fui nombrado consultor en estas Islas por los señores Inquisidores de la Nueva España. ¡Gloria á Dios! no supe ni intervine en la prisión del dicho maestre de campo, ni jamás diera mi voto para nna cosa tan irregular.» Carta al Inquisidor General, sin fecha.

muchos que la desvanezcan y hagan incierta.»¹

«Tienen los testigos por poco justificada la prisión, decia un funcionario de la Inquisición General, porque diciendo que se hizo en sospechas de que quisiera hacer fuga para Holanda, se decia que la información sobre este punto se habia hecho después de la prisión, y en esto hay testigos de oidas al mismo Comisario, que tocándole el puncto de si pudo prenderle con orden de la Suprema, ó justificando peligro en la tardanza, respondió el Comisario, habiéndose demudado: «ahora lo ajustaremos, y todo irá bien á España, y veremos como se toma esto allá, que ya está hecho;» de que infiere el testigo que después de preso se hacia la información de fuga, ó otra semejante, con la fecha de antes para subsanar el haberle preso, si no fué de orden superior. Y que antes bien, esta sospecha se desvanecia con muchas circunstancias»... ²

Oigase ahora la opinión del Tribunal sobre este punto, después de citar y rebatir lo alegado por el comisario: «y dello parece no se puede formar juicio prudente para temer se huyese... Y con lo propuesto queda convencido el que para dar alguna sombra á su apasionado proceder, buscó y dispuso el pretextado motivo, no siendo alguno, sino sólo liga y conjuración forjada.»³

«Mas, como el comisario discurria y obraba con

---

1. Carta al Inquisidor General, 1670, sin indicación de mes ni dia, recibida en Madrid el 11 de Mayo del año siguiente.

2. Informe al Consejo del licenciado D. Manuel de Angulo, Madrid 22 de Mayo de 1671.

3. Carta al Consejo, 18 de Enero de 1671.

su pasión, considerando el fin de prenderlo, no atendía como cristiano ministro lo que era necesario para tan rara ejecución, ni menos que no podia ejecutarla sin mandato de V. A. y el orden de este Tribunal, obrando tan ciego, que escriben le dijeron y advirtieron dello, y que aguardase la llegada de las naves, pues se esperaban, y viese qué se le decia de este Tribunal, y que respondió no queria sino ejecutarlo, porque de este Tribunal no se le impidiese; lo escribe asi el oidor D. Francisco Montemayor y Mancilla: con que se reconoce que su ánimo era ya determinado de prender, sin considerar si habia ó nó razón, ni si podia ó debia.» [1]

«Coligóse con diferentes vecinos de Manila, poderosos y de suposición, quejosos y mal contentos del gobierno de dicho D. Diego, y á quienes por diferentes causas habia procesado y tenido en prisión y destierro, enemigos suyos declarados. Con estos vecinos particulares se hacian juntas, en que muchos meses antes de la prisión del Gobernador, se trataba del modo de deponerle, ó por traidor ó por tirano.» [2]

«No hay camino, pretexto ni motivo para que el comisario tomase resolución tan extraña y ajena de toda justicia, asegura el inquisidor Ortega Montañez, *et coram Deo Jesu*, que en mi sentir fué fomentada, actuada y hecha con la pasión y odio implacable, no sólo de los testigos, sino del comisario, oidores y otros muchos.» [3]

---

1. Carta de la Inquisición de México al Consejo, 18 de Enero de 1671.
2. Exposición citada de Angulo.
3. Carta de Ortega Montañés, 18 de Enero de 1671.

Respecto de Doria, era tan evidente lo que, en general aseveraba de los testigos de la sumaria el citado inquisidor, que no se cuidó de silenciar en su propia deposición que en una ocasión Salcedo le llamó «y dijo cómo habia escripto contra él al Rey, y habiendo satisfecho, le dijo D. Diego que era un traidor aleve y otras palabras ásperas, causándole desaires y pesares, deteniéndole la paga.»

No debe extrañarse que en el expediente no figurase para nada el nombre del arzobispo Poblete, uno de los primeros y más calificados acusadores de Salcedo, porque era ya muerto á la fecha en que tuvo lugar la prisión de éste.

El mismo Ortega Montañés, hablando acerca de cómo se tramitó la causa del Gobernador, del papel que en ella desempeñaron los oidores y de las resultas que respecto de éstos tuvo, repetia al Consejo que «fué fomentada, actuada y hecha con la pasión y odio implacable, no sólo de los testigos, sino del comisario, oidores y otros muchos.»

Los dos oidores fomentadores del proceso en unión con el fiscal se excusaron de asistir á la calificación para que «no pareciese su malicia» y en su lugar nombró al deán, «que no sabe palabra», y á un abogado testificado de sospechoso en el judaismo y de quien se le habia advertido que tuviese cuidado. No le valieron advertencias al comisario sobre que no debia proceder de esa manera, advertencias que le fueron hechas hasta por el mismo notario, «y nada fué suficiente, porque estaba ya empeñado con los oidores, y éstos, ciegos con su ambición de coger el gobierno: con que esta fué su guia, su celo y razón y no otra, y

7

esto mismo cegó á los alcaldes que son testigos y casi á todos los de la ciudad, porque les ofrecieron oficios, encomiendas y otras comodidades, y asi cooperaron por el interese, y pudo el comisario prender á D. Diego, que de otra manera no fuera posible.»

«Y porque los afectos de D. Diego publicaron que el comisario no podia haberlo preso, y que lo habia hecho sin que deste Tribunal hubiese orden, hizo causas á muchos (que ha remitido) y mandó, so graves penas y excomunión, que nadie hablase sobre ello; y habiendo habido grave contienda entre los oidores sobre cual habia de gobernar, usurpó uno el gobierno, y éste con el comisario se coligó, y el comisario enervó la parte de los otros y requirió al que gobernaba para que desterrase á unas diez ó doce personas principales, porque dijo querian sacar de la prisión á D. Diego, y lo ejecutó el oidor, porque le estaba bien, obrando otras mil iniquidades.»

Dando su opinión sobre lo que en realidad resultaba de la causa contra Salcedo, dice que unos se referian al dicho de los otros y reciprocamente, «y sin dar razón ninguna de lo que deponen, mas de que era hereje, fundándolo en que notaban vivia mal, que comerciaba en Batavia fuerza de herejes y que se servía dellos, no constando más de que uno lo era... Y, en fin, señor, concluia, cuando los testigos no hubieran tantas excepciones, de lo que dicen no nace más que sospecha leve contra D. Diego, aunque su proceder y cudicia fué de mal cristiano y su gobierno con especie de tirania.»

«La causa no era para prenderle, concluye por su parte el inquisidor, ni el comisario podia sin orden

de México, «mayormente cuando todo lo actuado de
la fuga, no tiene substancia, y en el modo sólo con
que dicen lo presumen, se reconoce estaba ageno de
hacerla, y que actuó sobre esto para con tan mal
pretexto ejecutar la prisión premeditada.» [1]

«Pruébase más que fué liga y conjuración, porque
todo se comunicó y dispuso con los oidores y fiscal,
y que juntos todos convinieron en que el comisario
lo ejecutase con la mano del Santo Oficio, y es verosimil, porque los oidores D. Francisco de Montemayor y Mancilla y D. Juan Manuel de la Peña Bonifaz son consultores, y llamándolos el comisario
para consultar el negocio, se excusaron decir su parecer por escripto, dando razón para no hacerlo en
dicha forma no era bien pareciese su sentir contra
su presidente, y asi *in voce* lo dijeron. Ejecútase la
prisión, y se halla así en este Tribunal por testimonio dado por el notario de este Santo Oficio, con que
se convino en llamar al deán Poblete, hombre de
pocas letras, y à Manuel Suárez de Olivera, abogado
portugués y testificado ante él del crimen de judaismo... y con esto, de por si con cada uno consultó la
causa, y siendo Olivera de la cualidad dicha y enemigo de D. Diego, porque le había quitado doce mil
pesos, no dijo más que los autos indiciaban á D. Diego de sospechoso en la fe y fuga, y que le parecia
concurrian los tres casos de la instrucción, sin decir
sentia que podia prenderlo, y lo mismo el Deán, y
aunque el comisario dice que intervino el Ordinario,
no consta de su voto.

---

1. Carta de Ortega de 18 de Enero de 1671.

«En lo referido, la alta consideración de V. A. juzgará si hubo más que pasión y liga entre comisario y oidores para prender á D. Diego, buscando unos caminos tan desproporcionados y unos consultores de tal cualidad.»[1]

Esto era lo que necesitaba para llevar á cabo su propósito apasionado aunque se faltase con él á las reales disposiciones, á los acuerdos del Tribunal y á los preceptos del Santo Oficio. Más aún: aunque no faltó quien le dijera que lo prudente seria esperar la nave que de un momento á otro debería llegar de México, en la que acaso le vendría orden de prender á Salcedo, Paternina atropelló por todo, y en esta virtud, al siguiente dia 8 de Octubre mandaba tomar preso al Gobernador, encargando al almirante don Francisco Alfonso de Vizcarra y Leiva, alguacil mayor del Santo Oficio, que le prendiera «donde quiera que le hallare, aunque sea en iglesia, monasterio ú otro lugar sagrado, fuerte y privilegiado, y le embargase todos sus bienes muebles y raices donde quiera que los tuviere,» con encargo de entregarlo todo á Fr. Mateo Ballón, guardián del convento de San Francisco.

El auto de prisión lo suscribió también Pizarro y Orellana, que era provisor del arzobispado, quien, después, como hubiera recibido una real cédula de 23 de Junio de 1671 en que se le preguntaba la parte que había tenido en la prisión, se disculpó de la manera más cobarde que cabe: «la causa, dijo, hallé hecha; los pareceres de los consultores dados, con propo-

---

1. Carta de los Inquisidores de 18 de Enero de 1671.

siciones calificadas, y conformándome con las calificaciones, en pareceres y probanza, asentí á la prisión.» En otro lugar declara que firmó el decreto por celo de la religión y por entender que en ello hacia servicio á entrambas majestades.[1]

A todo esto, Salcedo no estaba ignorante de las maquinaciones de sus enemigos para deponerle, pero nunca quiso hacer caso de ellas: tan seguro se hallaba en el puesto que desempeñaba, y en la tranquilidad de su conciencia, por lo menos en materias religiosas.

Entregóse, pues, el mandamiento al alguacil á las nueve de la noche del 9, y entre las doce y la una se presentaba en palacio acompañado de religiosos de San Francisco, armados de chuzos, espadas y rodelas. Pero oigamos referir esta escena y las que se siguieron á un hombre absolutamente imparcial y que lo era por deber.

«Fueron á casa del dicho Gobernador, á quien hallaron en su cama durmiendo; pusiéronle preso y echáronle un par de grillos, sin dejarlo vestir ni aún poner unos calzones blancos; tratáronle de palabra ignominiosamente; y de esta suerte, en una hamaca en que uno de los vecinos solia llevar los esclavos al hospital, le llevaron al Gobernador aquella noche al convento de San Francisco, donde le tuvieron en una estrecha celda. Después de algunos dias le movieron la prisión á las casas del capitán Diego de

---

1. Carta al Inquisidor General. Manila, 8 de Mayo de 1673.
Esta carta la llevó á España el jesuita Landa, que en aquella ocasión salia de ahí como procurador de su provincia; en compañía de Paternina.

Palencia, uno de los enemigos declarados de dicho Gobernador, y que cooperó en todo. Desde aqui lo llevaron preso al convento de San Pablo, que es de los religiosos agustinos, donde le tuvo dicho padre comisario con grillos y una cadena asida á la pared, negado á la comunicación.»[1]

«Antes que acabase de volver en si del primer sueño, refiere otro, y cuando le echaron mano, el comisario, indecorosamente, y algunos religiosos de San Francisco que se convocaron al hecho, diciéndole: «sea preso por el Santo Oficio,» no hizo demostración, mas antes dijo: ¿Por el Santo Oficio? ¡Seguro estoy! y dejándose remachar los grillos fué llevado al convento de San Francisco.»[2]

«Una noche, 10 de Octubre del año pasado de 68, cuentan seis testigos, juntando á unos que, quejosos por castigados de sus delitos de dicho don Diego, sabia le eran enemigos, con la auctoridad del Santo Tribunal, amenazas de excomunión y multas cuantiosas, acompañados de religiosos descalzos del señor San Francisco, contra el decoro de su profesión, armados de chuzos, espadas y rodelas, prendió y puso grillos á dicho gobernador D. Diego, con tanto desacato que, sin darle lugar á que se vistiese, desnudo como estaba en la cama, le llevó á la custodia, prevenidos, permitiendo que le ultrajasen los de su compañia, asi de obra como de palabra.»[3]

---

1. Informe al Consejo del licenciado Angulo. Madrid, 22 de Mayo de 1671.

2. Carta de Cartagena Pantoja al Consejo. 3 de Julio de 1669.

3. Carta al Inquisidor General de D. Fernando de Bobadilla, Diego Covés, Juan de Veriztain, Juan de Tamanén, Antonio López de Quirós y Francisco Enriquez de Losada. Manila, 25 de Junio de 1670.

«Teniéndole ya asegurado con un par de grillos, no quiso permitir que se pusiera los paños menores, y en camisa lo sacaron, permitiendo todo el ultraje, demasia y descomedimiento que sus mayores enemigos, de obras y de palabras, le hicieron, obligándole á que prorrumpiese sentido de que si el Santo Tribunal le prendia, aunque se hallaba inocente, no debia consentir ningún menosprecio y descomedimiento á su persona, porque representaba actualmente la real en estas regiones.»[1]

Lo cierto es que la prisión de Salcedo llenó de júbilo a los que la habian provocado, constando llegaron á tal extremo las manifestaciones á que se entregaron después de realizada, que cuando el tesorero de la catedral de Manila D. Diego de Cartagena Pantoja penetraba el dia siguiente á su Catedral recibió recado de los oidores para que mandase repicar «en acción de gracias de haber tomado (ellos) en si el gobierno, por estar preso el Gobernador».[2]

Y en verdad que tenian razón para manifestarse tan contentos, como que, junto con la caida del Gobernador á quien tanto odiaban, iban á poder disponer á su arbitrio, al menos por el momento, del

---

1. Carta de Luis de Matienzo. Zebú, 2 de Julio de 1669.

2. Carta del mismo Cartagena Pantoja al Tribunal, fecha 3 de Julio de 1669. Este personaje habia pertenecido primero á la Compañia de Jesús y murió á principios de 1674, hallándose de dean de la catedral de Manila.

Conviene recordar aquí que Cartagena Pantoja habia publicado en Manila, en 1666, un *Informe* relativo á la inteligencia de una real cédula que tocaba á su canongia de la catedral, que dedicó á Salcedo en los términos más encomiásticos, hasta el extremo de compararlo con el sol! Véase la página 55 de nuestra *Imprenta en Manila*.

poder y de las riquezas del preso. El qué más apro
vechó de la nueva situación fué Bonifaz, coligado,
por supuesto, con Paternina. Dueño del gobierno, la
primera alcaldia mayor que proveyó fué la de Cala-
mianes para el primo de aquél, después de haberle hecho sargento mayor, «y el padre le dió el bastón mismo
con guarniciones de filigrana de oro que usaba don
Diego, con otras prendas suyas.»

En cambio, el comisario permitió á Bonifaz trans-
ladarse á las casas reales, donde se hacia el inventario de los bienes de Salcedo, y que dispusiese su
recámara en un aposento que dividia un tabique de
tablas de otro donde aquellos se guardaban.

«Fué indicio advertido de muchos, dicen varios
testigos comentando estos hechos, de poca limpieza
en el embargo el diverso tratamiento de repente en
su persona y mayor inconveniente en la celda. Veinte
mill pesos entregó al capitán Pedro Quintero, según
dice, para que los fuese dando á ganancia por su
cuenta. Recibió diversos sobornos de los dueños de
navios que habian venido á comerciar para haber
de restituirles haciendas suyas embargadas con los
bienes de D. Diego Salcedo...»[1]

De los miembros de la Audiencia coligados contra
el Gobernador, el que menos ventajas sacó fué el
fiscal D. Francisco Corcuera y Mejia, y eso no
por falta de ganas sin duda, sinó porque falleció el
1.º de Julio de 1669, en Similán, adonde habia ido á
curarse de una llaga en la garganta.

Vale la pena al respecto de todo lo que queda dicho

----

1. Carta de los capitanes de Manila, fecha 25 de Junio de 1670.

de conocer íntegra la carta que todo el Tribunal dirigió al Consejo cuando supo lo que había ocurrido en
Filipinas.

«M. P. S.—Con la llegada de este presente aviso en
que hemos recibido las cartas de V. A. y á que respon-
demos con el que ahora se despacha para esos reinos,
han llegado muchas cartas, y se ha publicado en esta ciudad cómo por vía de Holanda han llegado
cartas y relaciones á esa corte remitidas de la ciudad de Manila, cabecera de las Islas Filipinas, en
que avisan que el comisario deste Sancto Oficio en
dicha ciudad, había, con consulta de los oidores,
preso al gobernador de aquella ciudad é islas D.
Diego Salcedo, y con esto había causado grave
novedad y sentimiento en el Consejo de las Indias
y mucho que decir; y porque la materia es tan grave
si así hubiese sucedido, y que nos puede culpar, por
traer en sí parecer que el comisario no habrá ejecutado la prisión sin mandamiento nuestro, decimos á V. A. que al presente nos es esta noticia
impensada, porque no se ha mandado hacer tal
prisión, ni cuando la causa que contra dicho Gobernador en este tribunal pende tuviera estado para resolver su prisión, no la mandáramos ejecutar sin
dar á V. A. cuenta, y aguardar su orden, mayormente siendo un gobernador de tanta graduación,
y en provincia donde su existencia en el gobierno
es tan precisa que aún en muy grave causa no la
debiéramos impedir, y esto aún en caso que V. A. no
nos tuviera enseñado en la instrucción lo que debemos obrar, ni mandado en su carta de 22 de Noviembre del año pasado de 67, hacer suspensión en la

causa de D. Diego de Salcedo, con vista del testimonio que de ella remitimos, y que sólo escribiésemos al comisario estuviese con cuidado, y si resultara otra cosa contra el Gobernador, recibiera información y nos la remitiese, y asi se le ordenó en carta de 9 de Marzo de 1669, advirtiéndole cómo no dió cuenta en el año de 1668, según que V. A. lo mandará ver por el testimonio incluso de la carta que le escribimos; y porque V. A. se halle con noticia de nuestro cuidado sobre que los comisarios no prendan persona alguna sin mandamiento, habiendo subcedido que el de Manila dió cuenta en 19 de Junio de 668 de la prisión que hizo de la persona de Pedro de Armentia, soldado, á quien remitia preso, se le advirtió y reprendió en carta de 8 de Marzo de 69, según y como por el testimonio della que asimesmo con ésta remitimos, mandará ver V. A., y asi la justificarian con que atendemos á nuestro oficio y el cuidado que procuramos poner para que los comisarios no se adelanten; y porque si las noticias que referimos son asi en esa corte, es bien que V. A. las tenga de que no habemos mandado tal prisión y que, si se ha ejecutado, lo ha hecho el comisario sin orden y sin que sepamos por qué causas nuevas ni delitos, ni que haya substanciado otros más de los que se contienen en el testimonio que á V. A. se remitió; asi para obviar lo que con tales noticias puede haber resultado y resultase en esa corte y en los reales oídos y Consejo de las Indias contra nuestras atenciones y proceder, damos á V. A. esta cuenta, suplicando que si lo que aqui se ha publicado es en esa corte cierto, y haya por bien deque el Rey, nuestro señor, que Dios guarde, y sus Consejos entiendan que, si ha sucedido el caso, nos hallamos sin noticia, y que ignoramos como se debe proceder en él y los semejantes, y por amor de Dios, nuestro señor, haya V. A. por bien de interponer esta súplica, pues no es justo que estando inculpados, padezcamos las indignaciones que escriben se han levantado en el Consejo de Indias.

«También proponemos á V. A. que con las propuestas noticias y no haber venido el año pasado de 569 nao de Filipinas y que se espera este de 70, nos hallamos confusos sobre el modo que habemos de tener en caso que el gobernador don Diego de Salcedo venga preso, y aunque llegado el caso y que subceda asi, viendo los autos, nos gobernaremos conforme á justicia y con la prudencia y templanza que la materia diere lugar y juzgaremos convenir; sin embargo, suplicamos á V. A. que en la primera ocasión, si la hubiere en derechura para este reino ó por via de Islas Canarias, para que desde alli se remita á la Habana, de donde nos llegue, se sirva mandarnos decir lo que debiéremos obrar, con todo lo demás que V. A. juzgare convenir en esta razón. Guarde Dios á V. A. etc.—Inquisición de México y Junio 26 de 1670.—*Licenciado Juan de Orteya Montañez.—Licenciado D. Nicolás de las Infantas y Venegas.*» [1]

Hallándose las cosas en este estado, el 7 de Enero de 1671, entraba en Acapulco la almiranta de Filipinas con carta de Paternina de 13 de Junio de 1669 en que decia «cómo el año de 1667 hubo contra Sal-

---

1. Inquisición de Mexico, legajo 6.

cedo las denunciaciones que á este Tribunal remitió, dicen los inquisidores, y que después había dado principio á nueva causa, que era la que en la carta remitia y juntamente presa la persona del dicho maestre de campo D. Diego de Salcedo.»

Al mismo tiempo que recibian el proceso y la carta, tuvieron noticia los Inquisidores de que Salcedo habia fallecido en el viaje.

Urgia, pues, dar cuenta al Consejo de suceso tan grave, sobre todo después de las órdenes recibidas para la suspensión de su causa. La partida de un aviso para España estaba precisamente anunciada para el 10 de aquel mes, pero como convenia enviar noticias al Consejo, pidieron al Virrey que tuviese á bien demorar tres ó cuatro dias la salida del aviso mientras ellos sacaban un extracto de la causa y la remitian al Consejo.

He aqui ahora lo que antipaban á éste, como comentario á la relación de la causa de Salcedo.

«Ahora, señor, nuestro sentir es que lo obrado y ejecutado por el comisario ha sido el mayor abuso de jurisdicción que ha hecho ministro, y principalmente del Santo Oficio, y el atropellamiento de justicia y daño irreparable en honra, vida y hacienda, el mayor que ha causado hombre, con descrédito y daño gravisimo al justificado proceder y atención y prudencia con que obra el Santo Oficio y sus ministros deben ejercer en lo que les toca, nacido todo de pasión y mal ánimo contra D. Diego, y todas las deposiciones están mostrando que fué liga de los testigos y el comisario, y por otras cartas se muestra que también de los oidores, por usurparse el gobierno, habiendo puesto aquella ciudad é Islas, además del riesgo de perderse que se deja considerar, en la mayor turbación de ánimos que podemos decir, motivando con tan pernicioso hecho, en general mal hablar del Tribunal y sumo aborrecimiento, en tanta manera que, viendo el desahogo con que se hablaba del Tribunal, sus ministros y del comisario, hubo menester mandar, so graves penas y censuras, que nadie hablase de la prisión, ni de si fué ejecutada de parecer sólo suyo ó con mandato de este Tribunal; y además parece haber sido este respecto precisamente de algunos mal afectos á D. Diego y sugerido por los que desearon y movieron mal á la prisión, adelantando estos excesos tan irregulares con actuar contra muchos que querían sacar y extraer de la prisión á D. Diego, y motivar con ello al oidor que gobernaba, por medio de auto, que éste prendiese y desterrase á muchas personas, todas las que parece las hicieron sospechosas en lo referido el comisario y oidor-gobernador porque no eran de su afecto; y así con este modo premeditado por los dos, según se escribe, prendió el Gobernador las personas que dijo el comisario, menos dos que se huyeron, y habiéndolas prendido, con pena de traidores, las desterró á diferentes islas y partes desacomodadas, y de todo sentimos que lo obrado por el comisario fué su origen pasión y odio contra D. Diego y ambición ciega de los oidores para tomarse el gobierno, é interese de los que juraron, mediante las ofertas que les tenían hechas; y se convence todo de que casi todos los testigos llamados dicen general y *de audito alieno*, y sus dichos son de un mesmo tenor, escripto con una formalidad de palabras, y se introducen á calificar las cosas que testifican con términos no presumibles de que los testigos los sepan, mayormente en aquella tierra donde todos son soldados enviados de este reino por fuerza, y para uno que va allá buscando conveniencia á su necesidad, van los ciento forzados, y éstos son de la hez de la república, con que esta experiencia nos ayuda á la presumpción, y no menos el que no hay testigo ninguno que al fin de su deposición no exclame, ruegue y pida y suplique al comisario ponga remedio, librando la ciudad é Islas de aquel yugo, pues no se podia conseguir el remedio por otra mano, é insistiendo tanto, que de la exclamación mesma se reconoce están persuadiendo á la prisión, y no falta más que decirlo claro, y en los efectos del modo de deponer se reconoce era todo premeditado, y porque vió que Juan de Haro, el testigo séptimo y que es marido de la mujer con quien se dice la mala amistad de D. Diego, y que se andaba quejando porque le tenia su mujer, dijo en abono de D. Diego cuanto al ser católico, no quiso acabarlo de examinar, sinó proveyó un auto sobreseyendo en ello, con motivo de que era intimo de D. Diego, siendo asi que todos los testigos que deponen en el amancebamiento, la mayor exageración con que agravan el escándalo es los llantos y lástimas con que de D. Diego y su tirania se andaba quejando á todos Juan de Haro, y esto obrado por el comisario asi, no esfuerza menos nuestra presumpción, añadiendo que, como de lo referido mandará reconocer V. A., después que hubo preso á D. Diego y pasado mucho tiempo, examinó casi la tercia parte de los testigos, que en substancia

y regulándolos como se debe, nada coadyuvan delicto de fe, y esto aún en caso que sus deposiciones no estuvieran mostrando haber sido procurados, y para dar cuerpo, como si, aunque lo dieran muy grande y de crimen formal de herejia, pudiera serle esto disculpa de lo antes ejecutado y alucinación á nuestro juicio para que dejásemos de conocer las maldades excesivas que ha ejercido, valiéndose del oficio para incurrirlas, vengando pasiones, siendo de hecho causador de la pérdida de honra, vida y hacienda de D. Diego.

«Porque hablando á V. A. según es nuestra obligación y removiendo las excepciones propuestas y otras muchas que reconocemos en la causa, y suponiendo que en los testigos no hubiera repulsas, mirándola *ut jus est*, y no atendiendo la calidad y puesto del sugeto, sino considerándolo como un particular y plebeyo, juzgamos que de todo lo actuado resultaba sólo una presumpción *plusquam leve* respecto del sugeto en materia de fe, y vehemente para inquirir y averiguar á qué se extendia y sobre qué era la conversación que con los herejes tenia, y si lo eran los extranjeros de que se servia; porque de todo lo actuado no consta tuviese en su servicio mas que el protestante de la Rochela, y no se verifica ni dice que D. Diego hablasé con él ni con otro en materia de religión, ni que con los holandeses comerciantes tratase sobre ello; conque si por el trato en razón de comercio se debiera presumir, ya se ve cómo se presumiera de los católicos de España, que tienen tantos y tan grandes tratos con ellos en todas las partes del norte. Y de que D. Die-

go los tuviese en Batavia, sólo era crimen porque
Su Majestad lo prohibe, para castigarlo por su real
mano, mas no para agravar culpa y juzgarlo sospechoso el comisario; mas, como este discurria y obraba con su pasión, considerado el fin de prenderlo,
no atendió como cristiano ministro lo que era necesario para tan rara ejecución, ni menos que no
podia ejecutarla sin mandato de V. A. y el orden de
este Tribunal, obrando tan ciego, qué escriben le dijeron y advirtieron dello y'que aguardase la llegada
de las naves, pues se esperaban, y viese qué se le
decia de este Tribunal, y que respondió no queria
sinó ejecutarlo, porque de este Tribunal no se le impidiese. Lo escribe asi el oidor D. Francisco de Montemayor y Mancilla, conque se reconoce que su ánimo era ya determinado de prender, sin considerar si
habia ó nó razón, ni si podia ó debia.

«Hácese más cierto haber sido conjuración y liga,
porque cuando la causa no fuera de la substancia
que juzgamos, sinó en que justificadamente pudiera
obrar en caso que se temiera fuga, y no parece de
todo lo actuado, apartando de ello lo que hemos juzgado deber oponer, que haya motivo ni le hubiese
en alguna manera prudente para temer que D. Diego
la hiciese, pues toda la prueba se reduce á que mandó aderezar la galera en Cavite, labrar alli 200 re-
mos, tener otra con veinte en la puerta del rio y
estarse fabricando otra en Tondo, y tener prevenidos
los remeros, y á que hacia ropa blanca, y mandó
hacer baules de media carga, según se refiere en el
pleito del carpintero y marineros según los testigos,
y á que en Batavia dijo Méndez á Castañeda que alli

se decia como D. Diego se habia de ir por alli, y á que oyeron á Aguayo, defuncto, que en Batavia se decia lo dicho, y que el gobernador dijo habia de irse por alli D. Diego, y que era su amigo y de nuestra religión y á que Juan Garcia Serrano, desde México escribió lo ya referido.

«Y dello parece no se puede formar juicio prudente para temer se huyese, porque el vicario de Cavite á quien se refieren los más que dicen del aderezo de la galera, dice se mandó aderezar para efecto de que si no pudiesen entrar las naos que iban de Nueva España por las bocas de Mari Vélez con el impedimento de vendabales, las remolcaran con ellas, y cuando esto es expreso, y que para el efecto referido se mandó aderezar, y no se prueba con expresión lo contrario, debemos creer fué para lo dicho y no para lo que los demás testigos presumieron, y juzgar lo mismo de las otras dos galeras; y que, como esperaba subcesor, hacia prevención de ropa para la navegación á esta Nueva España, y no para Batavia; porque para ir alli muy poca habia menester, y para hacer aquí el viaje, la que prevenia, porque para él necesitaba de mucha, á causa de estar en la mar hasta nueve meses; y lo de los baúles no hace fuerza pues cuando los mandó hacer mandó también aderezar la carroza, y que los hiciese no indica querer hacer fuga sinó prevenirlos para su vuelta, y lo escripto por el Serrano se desvanece, pues al presente tiene D. Diego mucha hacienda en esta ciudad y la ha tenido siempre en sus correspondientes; y con lo propuesto queda convencido el que para dar el Comisario alguna sombra á su apasio-

8

nado proceder, buscó y dispuso el pretextado motivo, no siendo alguno sino sólo liga y conspiración forjada.

«Pruébase más, porque escriben que todo se comunicó y dispuso con los oidores y fiscal, y que juntos todos convinieron que el comisario lo ejecutase con la mano del Santo Oficio, y es verosimil, porque los oidores don Francisco de Montemayor y Mancilla y D. Juan Manuel de la Peña Bonifaz son consultores, y llamándolos el comisario para consultar el negocio, se excusaron decir su parecer por escripto, dando razón para no hacerlo en dicha forma, no era bien pareciese su sentir contra su presidente, y asi *in voce* le dijeron ejecutase la prisión, y se halla asi en este Tribunal por testimonio dado por el notario del Santo Oficio; conque se convino en llamar al deán Poblete, hombre de pocas letras, y á Manuel Suárez de Olivera, portugués, y testificado ante él del crimen de judaismo y sobre que le hemos dado orden esté con cuidado de saber su proceder y vivir y remitirnos lo que sobreviniere en su causa; y con éstos de por sí y con cada uno consultó la causa, y siendo el Olivera de la cualidad dicha y enemigo de D. Diego, porque le habia quitado 12,000 pesos, no dijo mas que los autos indiciaban á D. Diego de sospechoso en la fe y de fuga, y que le parecia concurrian los tres casos de la instrucción, sin decir sentia que podia prenderlo, y lo mesmo el Deán, y aunque el comisario dice que intervino el Ordinario, no consta de su voto.

«En lo referido, la alta consideración de V. A. juzgará si hubo más que pasión y liga entre comisario y oidores para prender á D. Diego, buscandounos caminos tan desproporcionados y unos consultores de tal cualidad, aún para un caso de mucha justificación.

«Es cierto, señor, que don Diego parece no cumplia con las obligaciones de buen cristiano y ministro de Su Majestad, y que su codicia fué grande, y que tuvo pocas ó ningunas atenciones en proceder bien, y que con ello se concilió por enemigos á todos, y ellos, con las ofensas, malos tratos y robos, se conspiraron con el comisario, como presumimos, entrando en todo oidores, ciudadanos, eclesiásticos, seculares y regulares, y juntos dispusieron destruir á D. Diego la honra, vida y hacienda, y necesita de grave reparo y exemplar castigo, con demostración en aquella ciudad é Islas para el escarmiento de tan grave abuso y que todos estén entendidos que este Tribunal no procede á castigar excesos que no le pertenecen, ni es escudo para que, él mediante, venguen con tanta horribilidad pasiones y odios, y sepan los ministros hay castigo para sus excesos, mayormente como el causado, y de otra manera no será creido ni venerado este Tribunal, ni su proceder justificado, mayormente en tierras tan apartadas de los ojos de V. A., y asi es bien y juzgamos necesario que el exemplar de castigo que se hiciere sea en Manila, para que se integre alli en cuanto se ha perdido, pues en lo tocante á la causa fulminada contra D. Diego se debe justamente dar satisfacción en este Tribunal, habiendo parte para que, ya que ha perdido la vida y hacienda, se integre su honra y fama en cuanto se pueda, ya que este Tribunal no ha podido obrar lo demás.

«Y en interin que V. A. con vista de esta relación
manda y provee lo que fuere más justo, hasta que
con vista de lo actuado que remitiremos en flota,
vea lo más conveniente y nos lo mande, tenemos
acordado por ahora suspender al comisario del Santo Oficio y encargar su ministerio al que halláre-
mos más conveniente, informándonos aqui de las
personas á quien lo podamos hacer, y á la que fuere,
dar orden para que al comisario Paternina que ha
hecho estos excesos lo recluya en un convento, el
que le pareciese, y que en él esté sin salir hasta
que se mande otra cosa, y que el fiscal de este Tribunal vea todo lo actuado en esta razón y pida
lo que juzgare deber, así contra el comisario como
contra los demás que resultare culpa y debiere; y
nos parece debemos mandar alzar de los bienes
de D. Diego los embargos que el comisario hizo, y
que por este Tribunal se notifique á todas las personas en quienes pararen, que, por lo tocante al
Santo Oficio, pueden entregar libremente lo que
tuvieren en su poder á quien fuere parte legitima
por D. Diego de Salcedo: V. A. mandará todo lo
demás que juzgare.

«Y porque esta materia ha sido muy escandalosa
y perjudicial á la templanza y atención con que
obramos y procuramos obrar los que servimos aqui,
y tenemos noticia que el Rey, nuestro señor, que
Dios guarde, y su Consejo de Indias tienen entendido y que de nuevo se dará á entender que habemos tenido influjo ó cooperación en la prisión
de D. Diego, siendo tan remoto de nosotros, como
V. A. sabe, y con ello padecemos descréditos y

desestimación y que obramos como sin letras, juicio, prácticas ni experiencias y que turbamos la
paz y arriesgamos los reinos y provincias de Su
Majestad, suplicamos rendidos á los pies de Vuestra Alteza que por nuestro crédito y por cuanto
deseamos cumplir nuestra obligación, desvelándo-
nos por los aciertos del servicio de ambas Majestades se interponga V. A., y, como mejor juzgare,
haga sabidor al Rey, nuestro señor, y su Consejo
de Indias, de nuestro proceder, y como en lo hecho no hemos tenido noticia ni parte hasta el presente, y lo fiamos asi de la piadosa consideración
del Exmo. señor Obispo Inquisidor general y de
V. A., pues no tenemos otra protección ni medios
para conseguirlo.

«Esta noche parten los pliegos, y aunque ha entrado en el puerto la capitana, y hemos recibido
los de Manila, duplicados de los referidos, no hemos tenido lo actuado en el fin y muerte de D. Diego: sólo por público y cartas que han tenido muchos particulares, hemos entendido que murió como
buen católico, y que en la navegación. estando muy
enfermo, confesó sacramentalmente tres veces; y
ahora añadimos sólo que después de la prisión de
D. Diego, como todo se hizo con fin malo, ó de
usurparse en sí el gobierno los oidores, se des-
cubrió mejor después la conspiración que hubo,
riñendo unos con otros sobre quien lo habia de
tomar, habiendo violencias tan horribles y tantas
marañas y ambición que fué milagro no perderse
aquello, y están tan abanderizados cuantos alli viven por lo pasado, sin embargo que se sosegó

con la llegada del Gobernador, que necesita de mucho remedio. Dios, nuestro señor, se sirva inviarlo y que sea para su mayor servicio, y guarde á V. A., etc.—Inquisición de México y Enero 18 de 1671.—*Licenciado D. Juan de Ortega Montañés.* —*Licenciado D. Nicolás de las Infantas y Venegas.*»

En vista de lo ocurrido con Salcedo, se libró por el Consejo, en 29 de Noviembre de 1670, la orden y forma que se debia dar á los comisarios de Manila y otros en las prisiones de gobernadores y personas de puestos.

En 20 de Junio de 1671 también mandó el Consejo desembargar los bienes de Salcedo, apesar de que, como decia en respuesta el Tribunal en carta de 11 de Diciembre de aquel año, casi todos estaban embargados en Manila á pedimento del fiscal de aquella Audiencia «por los intereses de que suponen era deudor á la Real Hacienda.»

El Consejo, en 4 de Julio de 1671, mandó igualmente que en lugar del P. Paternina se nombrase comisario de Filipinas al deán D. José Millán de Poblete, lo que no pudo ser por haber ascendido á obispo de Camarines, «fuera de que por las relaciones que tenemos de Manila, se habia portado con poco afecto á todas las causas de D. Diego de Salcedo, por las enemistades y discordias que dicho D. Diego de Salcedo tuvo con el reverendo Arzobispo de Manila, defuncto, tio del dicho deán». [1]

Pero, obrando de su propia cuenta, el 16 de Ene-

---

[1]. Carta de Ortega Montañés y de Infantas; 10 de Diciembre de 1671.

ro de ese mismo año, el Tribunal de México mandó suspender por su parte á Paternina y que se le tuviese preso en un convento, nombrando, para sucederle á fray Felipe Pardo.

Mientras tanto, Salcedo habia pasado á mejor vida el 24 de Octubre del año anterior. En los dias 16 y 18 del mismo mes, redactó una memoria testamentaria asistido de Fr. Antonio Godinez y Fr. Pedro de Torrenueva, á los cuales dió el comisario de Manila orden de lo que debian de hacer si llegaba ese caso; y una memoria-protesta de «haber sido él, sus padres, abuelos y ascendientes cristianos católicos apostólicos romanos, y que protestaba serlo y morir en defensa y por la fé católica, repitiendo actos de amor de Dios y haciendo muchos, perdonando de todo corazón á todos aquellos que hubiesen sido causa de estar en su prisión».

A fin de que la hacienda del reo no se acabase de destruir, se acordó que el inquisidor Ortega Montañés aceptase el albaceazgo para que era nombrado. [1]

El nuevo gobernador llamado á suceder á Salcedo D. Manuel de León y Saravia, sacó de poder del tesorero inquisitorial los depósitos que corrian á su cargo

---

1. Carta de Ortega Montañés de 6 de Febrero de 1671.

Ortega no aceptó expresamente hasta no consultar al Consejo.

Además del beneficio que le resultaba, «el fin que he tenido, decia el albacea, es desear que ya que perdió la vida D. Diego, no se acabe de perder la hacienda».

Entre las disposiciones testamentarias de Salcedo merece notarse la manda de diez mil pesos que legaba al D. Diego Luis de Sanvitores para fomento de las misiones de las Islas Marianas. La fortuna que dejó pasaba de 700 mil pesos.

En el Consejo, con fecha 1°. de Octubre de 1671 se respondió á Ortega que no convenia que aceptase el albaceazgo de Salcedo.

y desde el primer momento empezó una obra de reparación respecto de los que habian sido perseguidos como adictos á la persona de su antecesor, y, á la vez, se propuso abatir en cuanto pudiera el poder de los ministros y allegados del Santo Oficio que tan buena prueba acababan de dar de lo que eran capaces de llevar á cabo instigados en sus pasiones y con pretexto de religión. A Juan de Beristain. complicado en el proceso de Salcedo, apesar de que su prisión, embargo de bienes y destierro, fueron ejecutados por el oidor D. Juan Manuel de la Peña, receloso de que, como intimo amigo del Gobernador, pudiera sacarle de la prisión, diciendo maliciosamente que era de mandato de Paternina, ordenó ponerle en libertad y asi pudo volver Beristain á su casa. [1]

«A la Orden de San Francisco, refiere uno de sus miembros, por haber auxiliado al Santo Tribunal en todo lo que tuvo necesidad de ella, asi para la causa como para la prisión, la tiene tan perseguida que parece somos gobernados de un enemigo, según el odio que tiene á esta santa religión. Pues luego que entró en el gobierno mandó desterrar al padre que era provincial y al padre que era guardián del convento de Manila... haciéndoles causas juridicas, pretendiendo acumularles delitos que no caben en un saco pobre y remendado».... [2]

Por la inversa, el nuevo Gobernador tomó naturalmente el partido de su antecesor, favoreciendo y trayendo á su gracia con titulos de leales á los que

---

1. Carta de Diciembre de 1671.
2. Carta de Fr. Francisco Solier al Consejo: Manila, 10 de Mayo de 1670.

trataron de apoyarle, hablando de los ministros del
Santo Tribunal como lo merecian y tratando de traidores á los que se habian hallado en la prisión. «Con
esto nos tienen tan acosados, decia uno de ellos, que
á no detenernos las obligaciones de hijos y mujer,
nos hubierámos ido huyendo á vivir entre moros.»
«Hoy se hallan estas Islas, añade, de calidad que los
ministros del Santo Tribunal no se hace de ellos estimación y si se les ofreciera aprehender al más vil
hombre, no hubiera quien les ayudase, antes huye-
ran de ellos.» [1]

Vamos á ver ahora la suerte que habia corrido en
el Tribunal la causa de Salcedo, á cuyo intento y al
de conocer en sus menores detalles lo obrado por
aquél en desagravio del atentado de Paternina, para que no se nos tache de parciales, queremos reproducir al pie de la letra la carta que con ese motivo
dirigió al Consejo.

«M. P. S.—En carta de 13 de Mayo de este presente año nos remite V. A. copia de la carta que D.
Manuel de León, gobernador de las Islas Filipinas,
escribió al Excmo. Señor Obispo de Plasencia, inquisidor general, con cuya vista y de los demás
papeles remitidos por este Tribunal tocantes á esta
materia se sirve V. A. de mandarnos se declare por
nula, injusta y atentada la prisión hecha en la persona de D. Diego de Salcedo, y que alce el embargo
hecho en sus bienes para que los hayan los que fuesen partes legitimas por él y que se les dé testimonio

_____

1. Carta de D. Nicolás Muñoz de Pamplona al Tribunal, Manila,
15 de Julio de 1671.

de no obstarles dicha prisión á sus descendientes ni colaterales: lo cual se ejecutó dándole testimonio de ello al contador D. Jerónimo Pardo, que pareció en este Tribunal en virtud de poder de los hermanos de dicho D. Diego de Salcedo, y porque reconocimos lo injusto de dicha prisión y el grave descrédito que padeció la honra del susodicho, porque con el cuidado que este Tribunal ha tenido en contener á sus ministros, no se podian persuadir en todo el reino sinó que hubiese sido de mandato de este Tribunal, cuya integridad y justificación parecia estar lasa, mandamos dar este testimonio en la forma que V. A verá en la copia que va con ésta, haciendo en él sentencia de la nulidad é injusticia de dicha prisión; porque de otra manera no juzgabámos quedaria satisfecha la estimación y crédito con que se mantiene este Tribunal en la administración de justicia, y ejecutando asimesmo la satisfacción que V. A. nos manda dar á dichas partes en lo tocante á no obstarles la prisión de dicho D. Diego de Salcedo.

«Asimesmo nos manda V. A. en dicha carta se envie nombramiento de comisario de dicha ciudad de Manila en uno de los prebendados ó clérigo secular de mayor satisfacción de aquella Iglesia, en lo cual por, haber dado á V. A. cuenta en carta de 18 de Enero de este año de nuestra resolución y como habiamos inviado á Fr. Pelipe Pardo, provincial que ha sido del Orden de Predicadores en aquellas Islas, el nombramiento de comisario de dicha ciudad, y por su defecto, á otros dos religiosos graves de la Orden con la experiencia que este Tribunal ha tenido desde que se descubrieron dichas Islas del celo, desinterés y virtud con que han procedido los religiosos de dicha Orden, y especialmente los que han ejercido el oficio de comisario que se varió y mudó en Fr. Joseph de Paternina, por ser ministro de pruebas, y las demás razones que hemos referido á V. A. en otras cartas, no pasamos á variar ahora el dicho nombramjento, en conformidad de lo mandado por V. A., porque con vista de lo representado podrá mandar lo que fuere servido, que ejecutaremos con toda puntualidad; fuera de que, como nos hallamos con la inmediación al conocimiento de los sugetos que residen en aquellas Islas, bandos y parcialidades que ocasionó el gobierno y prisión de D. Diego de Salcedo, tuvimos por las personas de más satisfacción é independientes á los religiosos de Santo Domingo, que no podemos dejar de representar á V. A., y asimesmo el que como aquellas Islas están tan cortas y pobres al presente, no hay persona eclesiástica de muy mediana esfera que pase á ellas y asi son rarísimos los clérigos seculares que las habitan, y de los que pasan ordenados, casi todos expulsos del Cármen y de otras religiones, y los naturales de aquellas tierras por la mayor parte hijos de chinos, mulatos y otras castas, con quienes por la falta de mujeres españolas se casan los marineros, soldados forzados y desterrados por esta Inquisición que por fuerza los conducen para que no se despueblen aquellas islas de gentes españolas, en que V. A. con la madurez que acostumbra, hará el reparo conveniente hallándose con estas noticias para resolver lo que fuere servido.

«Y asimesmo en lo tocante á la prisión del comisario Fr. Joseph de Paternina, información que contra él se ha de recibir, embargo de sus bienes, remisión á este Tribunal, asistencia en él en cárceles de familiares y todo la demás que nos instruye y manda V. A. en dicha carta para la debida administración de justicia, se ejecutará todo como nos lo manda, y por que en este mes próximo saldrá navio para las Islas Filipinas remitiremos el mandamiento de prisión para que venga á esta ciudad el comisario Fr. Joseph de Paternina, sacándole el comisario de este Sancto Oficio de la prisión donde juzgamos estará, según lo que contra él resolvimos y de que tenemos dado á V. A. cuenta en carta 18 de Enero de este presente año, y vendrá encargado al capitán del navio que hiciere viaje, porque para traer los ministros del Tribunal en una embarcación que dure ocho ó nueve meses, es menester una suma considerable de dinero para el gasto de dichos ministros; que parece lo previno V. A., como si viera y experimentase la pobreza y cortedad que este Tribunal tiene en aquellas Islas.

«Y en cuanto á informe que V. A. nos manda hacer de las personas que pretenden ser comisarios en dicha ciudad y los eclesiásticos y seculares que habrá apropósito, decimos que no hay persona alguna que haya hecho pretensión á dicho oficio, lo cual es casi común en todo este reino, y asi, de oficio, por la precisa necesidad de ministros solemos hacer nombramientos de comisarios, porque haya quien reciba una denunciación y se necesita de urbanidad y de mucha benevolencia para que, informados de los buenos sugetos admitan los oficios, demás de que al presente no tenemos noticia de personas eclesiás-

tïcas seculares de Manila á quien con seguridad se
pueda confiar este ministerio, pero en ejecución del
orden de V. A., escrebiremos al reverendisimo arzobispo electo de aquella ciudad D. Fr. Juan López,
obispo que era de la Nueva Segovia, nos informe de
lo dicho para que podamos dar á V. A. el aviso é informe que nos manda. Guarde Dios á V. A., etc.—
Inquisición de México y Diciembre 10 de 1671.—
*Licenciado D. Juan de Ortega Montañés.—Licen-
ciado D. Nicolás de las Infantas y Venegas»*..........

....

A continuación se encuentra el documento siguiente:

«Don Pedro de Arteta, secretario del secreto del
Santo Oficio de la Inquisición de esta ciudad y arzobispado de México, estados y provincias de esta Nueva España, Islas Filipinas y sus districtos y jurisdicciones, certifico y doy fe que habiéndose visto en
este Tribunal lo actuado por Fr. Joseph de Paternina
Samaniego, del Orden de San Agustin, comisario de
este Sancto Oficio de la ciudad de Manila, sobre la
prisión que hizo en la persona del maestre de campo D. Diego de Salcedo, defuncto, gobernador y capitán general de dichas Islas y presidente de la Real
Audiencia de ellas, con lo alegado por el señor fiscal
de este dicho Sancto Oficio, se pronunció la sentencia del tenor siguiente:

«Sentencia: Visto por nos los Inquisidores contra
herética pravedad y apostasia en esta ciudad y arzobispado de México y en todos los estados y provincias de esta Nueva España é Islas Filipinas y sus
districtos y jurisdicciones por autoridad apostólica,

etc., lo actuado por el P. Fr. Joseph de Paternina Samaniego, religioso del Orden de San Agustín y comisario de este Sancto Oficio en la ciudad de Manila, contra el maestre de campo D. Diego de Salcedo, defuncto, gobernador y capitán general de dichas Islas y presidente de la Real Audiencia de ellas, y lo hecho y obrado en la prisión de la persona de dicho maestre de campo y en los embargos que hubo en todos sus bienes y hacienda y lo que en dichos autos está resuelto, con lo pedido por el capitán D. Jerónimo Pardo de Lago, contador mayor del Tribunal y Real Audiencia de cuentas de esta Nueva España en nombre y con poder de D. Alonso Salcedo, capitán de corazas y sargento mayor en los Estados de Flandes, y de D. Luis de Salcedo, coronel de un tercio de caballería alemana, en cuyo poder prestaron los dichos voz y caución por D. Francisco y doña Maria de Salcedo, sus hermanos, y todos legitimos del dicho maestre de campo D. Diego de Salcedo, sobre que mandásemos declarar y declarásemos en consideración de lo que era notorio y público haber pasado y subcedido en la prisión del dicho maestre de campo, por injusta, nula y violenta la dicha prisión, y todo lo demás obrado en su consecuencia, y que no obsta, podia ni debia obstar la dicha prisión al crédito, buena fama y conocidas obligaciones del dicho maestre de campo D. Diego de Salcedo, ni de sus hermanos ni parientes y que procediésemos á dar toda la satisfación pública que se debia y á lo demás que pedia y suplicaba; y habiendo visto asimesmo lo respondido por el Fiscal de este Sancto Oficio, con todo lo demás que ver convino.

«*Xpti. nomine invocato.*

«Fallamos atentos los autos y méritos de ellos, ser y haber sido nula, injusta y atentada la prisión que el comisario de Manila Fr. Joseph Paternina hizo y ejecutó por si en la persona del maestre de campo D. Diego de Salcedo, gobernador y capitán general de las Islas Filipinas y presidente de la Real Audiencia de ellas, y asi la debemos declarar y declaramos por ninguna y por injusta y atentada y que todos los embargos que el dicho comisario hizo en todos los bienes y hacienda del dicho maestre de campo, gobernador y capitán general D. Diego de Salcedo fueron ó son y han sido nulos, injustos y atentados, los declaramos por ningunos y por injustos y atentados, y en consecuencia de ello, debemos de mandar y mandamos alzar y que alcen todos los embargos que se hicieron y dar por libres los bienes y hacienda que fué embargada por dicho comisario y que por los inventarios que de la hacienda y bienes se hicieron se haga entera y se dé toda satisfacción, sin diminución ni falta alguna, á los sucesores y herederos del dicho maestre de campo D. Diego de Salcedo y á sus albaceas y á quien fuere parte legitima de todos ellos y cada uno, y que para el efecto y que plenariamente se haga la restitución de la hacienda y bienes, se despachen y den por este Tribunal, además de los mandamientos de alzamiento de embargos, todas las órdenes y comisiones necesarias hasta la debida ejecución, y además debemos declarar y declaramos que la dicha prisión no obstó, obsta ni ha obstado, no podia, puede, ni pudo obstar, al dicho maestre de campo D. Diego de Salcedo, ni á la

honra, buena fama, crédito y reputación que tuvo, ni
á los puestos que ejercia asi militares como politicos,
para si viviera, poder tener y ejercer aquellos y otros
mayóres que pudiera merecer de la real voluntad
mediante sus servicios, ni otras cualesquiera honras,
puestos, dignidades y oficios que se le debieran y
pudieran conferir, aunque fuesen de Inquisición, órdenes militares y de otras cualesquiera comunidades de estatuto de limpieza y nobleza. Y asimesmo
declaramos que la dicha prisión no obste, y que no
obsta ni puede ni debe obstar á ninguno de los ascendientes ni descendientes del dicho maestre de
campo D. Diego de Salcedo, ni á los dichos sus hermanos ni á los demás por quien se ha prestado voz y
caución, ni á ninguno de ellos ni de sus descendientes ni á ninguno de sus parientes colaterales y tras-
versales y descendientes suyos para poder tener y
que tengan todos y cualesquiera puestos de honra,
asi militares como politicos, y otras cualesquiera dignidades y oficios de la mayor reputación aunque
sean del Sancto Oficio de la Inquisición, órdenes militares, iglesias de estatutos, collegios mayores y otras
cualesquiera comunidades que lo tengan, y asi lo declaramos, y mandamos que, asi á los dichos sus hermanos y á cada uno de ellos, y al dicho capitán y
contador D. Jerónimo Pardo de Lago, su parte, como
á otro cualquiera interesado ó que lo pretendiere, se
den y puedan dar, no sólo los testimonios pedidos
sinó otros cualesquiera que pidiese, quien prenten-
diese interese, autorizados en forma que hagan fe
por cualquiera de los secretarios del secreto del
Sancto Oficio, que quedando copia auténtica de dicho

poder, se vuelva el original al dicho contador para que lo use y ejerza en todo lo demás para que se le confiere.

«Y por esta nuestra sentencia definitivamente juzgando, así lo pronunciamos y mandamos en estos escritos y por ellos.—*Licenciado D. Juan de Ortega Montañés.*—*Licenciado D. Nicolás de las Infantas y Venegas.*

‹Pronunciación.—Dada y pronunciada por los señores Inquisidores que en ella firmaron sus nombres, estando en la audiencia de la mañana del Sancto Oficio de la Inquisición de esta ciudad de México, sábado treinta y un dias del mes de Octubre de mil y seiscientos y setenta y un años, estando presentes por testigos los secretarios Diego Martinez Hidalgo, el capitán Martin Ibáñez de Ochandiano y D. Juan Manuel de Montúfar, el receptor D. Juan de Mendizábal y otros ministros de este Sancto Oficio, de que doy fé, y lo firmé.—*D. Pedro de Arteta,* secretario.»

«La cual sentencia fué notificada al señor fiscal de este Sancto Oficio y al dicho capitán contador mayor D. Jerónimo Pardo de Lago, en nombre de su parte, como todo ello consta y parece de dicha sentencia y autos, á que me refiero, que quedan en la cámara del Secreto del Sancto Oficio; y para que de ello conste, de pedimento de dicho capitán y contador mayor D. Jerónimo Pardo de Lago, y mandato del Tribunal, di la presente firmada de mi nombre y sellada con el sello menor de este dicho Sancto Oficio. Fecha en dicha cámara del Secreto del Sancto Oficio de la Inquisición de la ciudad de México, en diez dias del mes de Diciembre de mil y seiscientos y setenta y un años.—*D. Pedro de Arteta*, secretario.» [1]

Pero el delito habia sido consumado y la reparación que se otorgaba al reo del Santo Oficio no le alcanzaba siquiera con vida! Y el principal causante de todo iba á quedar al fin sin castigo, como que la muerte vino á sorprenderle á su vez el 18 de Enero de 1674, en el curso de su navegación desde Manila á Acapulco, librando á los Inquisidores de pronunciarse á su respecto. Muy pocos dias después de este suceso, y con mal disimulada satisfacción, escribian al Consejo, creyéndose libres ya de toda responsabilidad: «y al presente, en lo que se ha reconocido, procede muy bien el comisario que se nombró y con mucha inteligencia, dándose por advertido y entendido de todo lo que está prevenido para que no se cometan excesos, y parece que aquellas Islas están muy recobradas y tienen buen estado.»[2]

---

1. Libro 775, folio 491.

2. La causa de Salcedo dió origen á una serie de impresos en los que se ventilaron algunas de sus faces, cuya consulta puede ser de utilidad para estudiar en sus detalles tan interesante incidente de la crónica de las Filipinas. En nuestra *Biblioteca hispanoamericana* encontrará el lector descritos los que han llegado á nuestra noticia.

CAPITULO VI

Causas de fe de los primeros años del siglo XVIII.—Entre ellas merece notarse la del francés Pedro Fallet.—Es denunciado primeramente de guardar ciertas imágenes lascivas.— Nuevos motivos de acusación que le sobrevienen.—El Tribunal de México ordena prenderle.—Es despachado á México,—Relata su vida á los inquisidores.—Fin que tuvo su causa.

Los comisarios del Santo Oficio en las Filipinas, nada ó bien poco tuvieron en qué ocuparse en los primeros años del siglo XVIII. En los anales del Tribunal de México, una prolija rebusca apenas si nos permite registrar los nombres de unos cuantos reos procedentes de las Islas.

El alférez Francisco del Puerto y Arriola, que residia en Manila, fué procesado por bigamo en 1705.

Fray Juan de Ledesma, lego de San Juan de Dios, morador en el hospital de aquella ciudad, de edad de 34 años, por celebrante sin órdenes y haber oido de confesión. Mandado prender por el Tribunal en Marzo de 1727, fué embarcado sin saber el motivo, y el

19 de Julio de 1730 entró en cárceles secretas, donde, á causa de haber enfermado, fué transladado á su convento de México. En 12 de Mayo del año siguiente oyó su sentencia en la sala del Tribunal, en presencia de cuatro religiosos de su orden, abjuró *de levi*, y fué desterrado de Filipinas.

Fr. Francisco Carriedo, perito en el idioma chino, natural de Mijares en Burgos, dominico, morador en el convento de Santo Tomás de Manila, de edad de cuarenta años, denunciado en 1738 como solicitante de monjas. Instruido el proceso por comisario, Fr. Juan de Arechederra, se falló su causa en México en Marzo de 1741.

En el auto particular de fe de 14 de Enero de 1748, salió Juan Manuel Caballero, marinero, de edad de 50 años, que habia sido denunciado en las islas Marianas de ser dos veces casado.

A mediados de ese mismo año, el comisario del Santo Oficio Fr. Juan Alvarez, dominico, escribia al Tribunal una carta diciendo que le habia sido denunciado como hereje, según pública voz, un sugeto que en la exterioridad parecia ser católico romano, y que aún practicaba acciones para persuadirlo, «pero se sospecha, añadia, haciendo un juego de palabras que le parecia muy oportuno, que *fallit*, por conformarse con su apellido», que era Fallet, y Pedro su nombre.

Veamos cuáles eran los indicios que obraban contra este hombre. En 1743, el anterior comisario, fray Juan de Arechederra le habia roto dos «imágenes» lascivas, y cinco años más tarde, otra su sucesor, el entonces denunciante; «de donde infiero, añadia, que hace poco aprecio del Tribunal del Santo Oficio, y me parece que para escarmiento de tantos herejes que á esta ciudad vienen debajo de extrañas banderas, sea éste llamado á presencia de V. S. I. para que allí diga sus descargos, contando con esta diligencia y la de no dejarlo volver el que se haga pirata de estos mares.»

Al año siguiente, el comisario Alvarez ampliaba su denunciación al Tribunal con las nuevas noticias que habia logrado adquirir de Fallet. Comenzaba por repetir la historia de las «imágenes lascivas,» que habia recogido de su poder algunos libros heréticos, y que á pesar de que su párroco le tenia prevenido que el Santo Oficio no dormia, el presunto reo se burlaba de la tolerancia, «pues no pierde ocasión, manifestaba, de hablar y aún persuadir los dogmas heréticos, con. manifestación de menosprecio de los dogmas católicos y del Tribunal de la Santa Inquisición.»

Y no contento con haber escrito á México, Alvarez ocurrió al gobernador, diciéndole lo que pasaba con Fallet, «quien, decia, me persuadió le tolera por las circunstancias del tiempo.»

El fundamento de la nueva acusación de Alvarez estribaba en una carta que habia recibido del P. José Withelmi, jesuita, que vivia en el presidio de Samboanga, en que le decía que yendo de camino para aquel lugar y hablando de Fallet un sugeto le dijo: «de Mr. Fallet oi yo algunas palabras que me hacian disonancia; que otra persona, con quien su compañero de viaje había tenido una vez conversación acerca del precepto de la confesión anual le había oido decir á Fallet que ese precepto era para múchos causa de las confesiones forzadas y malas, y que asi parecia mejor que no hubiese tal obligación, y trajo no se qué conciliábulo de obispos en favor de este dicho, y añadió que todo esto habia dicho Mr. Fallet.»

Después de tirar la piedra, el buen jesuita añadia: «Yo debo suponer y estoy como cierto de que este tal sugeto en la conversación de dicha obligación, habló muy materialmente y sólo *discursus gratia*, pues él gusta de hablar mucho; en lo demás, buen católico y penitente mio. Ni aquel con quien habló se escandalizó en ninguna manera, y aún le excusó á monsieur Fállet, diciendo que lo habia dicho asi, pero sólo *discursus gratia*.»

Ya con esta carta en su poder, el comisario vió algún fundamento para iniciar el proceso que tanto deseaba, y poco después procedia á recibir declaración á quince testigos, que todos, con excepción de dos, fueron llamados.

En esas declaraciones hay algunas cosas curiosas, como ser, que oyó, dice uno, que en su casa teniá Fallet «una cajuela de polvos con pintura de una madama en cueros, y haber oido á una cuñada suya que tenía un vidrio mágico para ver desnudas las mujeres.»

El Tribunal aceptó el fundamento de las denunciaciones en vista del parecer de los calificadores nombrados, y especialmente por lo que se decia de haber el reo recibido la comunión de los holandeses; y en 14 de Marzo de 1749 envió orden de prenderle con secuestro de bienes, encargando que declarase el anterior comisario Arechederra, entonces obispo de Nueva Segovia, sobre el fundamento con que habia dicho que Fallet tenia muchos enemigos, y si era efectivo que en su tiempo le habia quitado algunos libros heréticos. Y junto con estas providencias, dispuso que Alvarez dejase la comisaria, «en atención haberse advertido en los varios expedientes que remitió, su intrepidez, celo indiscreto y poca reflección y formalidad en sus resoluciones y conducta, y con el recelo de que por su avanzada edad pudiese habérsele debilitado la cabeza.»

El nuevo comisario Fr. Bernardo de Ustáriz dió luego cuenta de haberse ejecutado la prisión del reo en 20 de Agosto de 1750, con auxilio del gobernador, quien habiéndole mandado llamar á palacio, le dejó alli recado de que pasase al castillo de Santiago, donde le esperaba con el alguacil del Santo Oficio, á quien se lo entregó, dejándolo en el fuerte.

Del embargo que se hizo de los libros resultó que con excepción de dos [1] que estaban prohibidos, todos los demás eran de erudición, historia, viajes, matemáticas, en lenguas francesa, inglesa, flamenca, latina, griega y española, que bien á las claras revelaban la vasta ilustración de su autor, sobre todo si se considera el lugar en que vivia. En cuanto á bienes, el reo tenia algunos créditos incobrables y muchas deudas.

El obispo Arechederra informó que era verdad lo que se decia de los enemigos de Fallet, porque durante el tiempo que habia gobernado fué muchas

---

1. Estos fueron: *Historia pública y secreta de la corte de Madrid*, impresa en Lieja; Rapin, *Ecclesiastical and civil history of England. London, 1731.*

veces denunciado por inquietador de mujeres casadas, personas decentes y de distinción. Por lo tocante á los libros nada de cierto pudo decir, aunque sí de la pintura deshonesta que habia hecho quitar al reo de detrás de un espejo, donde la tenia oculta.

Adelantadas las diligencias del sumario, el reo fué despachado á México, habiendo ingresado en cárceles secretas el 17 de Enero de 1752.

En dos audiencias voluntarias que pidió Fallet, hizo presente que hacia ya dieciesiete meses á que se hallaba preso, sin que hasta entonces hubiese tenido el más mínimo indicio de su culpa, por lo que suplicaba se le examinase con la brevedad posible, porque tenia su salud muy quebrantada y necesidad de mirar por su fortuna totalmente descalabrada; que, si mereciese castigo, lo sufriria con paciencia, pero que, por el contrario, si era inocente, esperaba de la rectitud del Tribunal le pusiese en libertad.

Dijo su nombre, ser natural de Neufchatel, en Suiza, teniente coronel por el rey de Prusia, y de edad de cincuenta años, que su padre habia sido francés y calvinista, en cuya religión fué educado hasta la edad de diezisiete años, en la que, hallándose prisionero de guerra en Nápoles, se reconcilió con la Iglesia, aunque su doctrina cristiana sólo la aprendió más tarde en la Isla de Mauricio.

De sus estudios dijo que en un colegio de su patria habia aprendido latin y griego, y que más tarde, por su afición á la lectura, profundizó algo la historia profana y eclesiástica, sin dejar de abarcar en sus

vigilias los sermones de Bourdaloue y las vidas de
de santos. Que después de cumplir catorce años pasó
á Paris, instruyéndose alli en «habilidades politi-
cas,» y á los diezisiete entró en un regimiento suizo
al servicio de S. M. C., y que, habiendo caido prisionero, pasó luego á Sicilia, donde el Marqués de
Lede le hizo su ayudante de campo; que estuvo en
Cataluña desde 1721 hasta 1727, fecha en que pasó
á la Isla de Mauricio, de donde se escapó con los
ingleses á Madras, por haber tenido alli un lance de
honor. Que los ingleses, en cuya compañia estuvo hasta 1737, le dieron el mando de un navio de sesenta ca-
ñones, en el que hizo varios viajes, y entre ellos uno
á Inglaterra, que le permitió visitar á Francia y Ale-
mania, hasta regresar á Madras y pasar de alli á Manila en 1737; y que continuó en varios viajes hasta 1740,
en que se quedó definitivamente en Manila. En los
años de 1741 y 1742 hizo desde alli uno á Batavia
y en el siguiente otro á Macao, durante el cual con-
siguió del almirante Anson le entregase 550 prisioneros españoles que llevaba, y que él condujo en
su barco á Manila. En 1745, por disposición del Gobernador, salió en una expedición de corso, y después se mantuvo de asiento en la ciudad y sus
contornos.

Procuró sincerarse con toda eficacia ante sus jueces, y los calificadores declararon que una proposición, (la única) dicha en conversación, acerca de la
fundación de la Iglesia, era, por lo absoluta, formal-
mente herética; y á pesar de eso, en Febrero de 1752,
se le puso una acusación de setenta y seis capítulos,
confesando en su respuesta que había dejado de oir

misa ciertos dias de precepto, y que algunos años no
cumplió con la Iglesia, y, á la vez, rindiendo una información de diezinueve puntos en abono de su persona y conducta.

Por fin, en 8 de Agosto de aquel año se dictaba
sentencia, condenándole á oirla dentro de la sala del
Tribunal, á puerta cerrada, en presencia de los consultores y secretarios, en abjuración *de levi* por la
sospecha que contra él resultaba, y en tres meses
de reclusión en el colegio de San Pablo de la Compañia de Jesús, para que fuese bien instruido en
la doctrina cristiana, y en otras penitencias espirituales, con cargo de darse cuenta de todo al Consejo. Fué absuelto *ad cautelam* de las censuras en
que pudiera haber incurrido.

Un año más tarde obtenia permiso para regresar
á Filipinas, previniéndose al comisario que celase
su conducta. Cuál fuese ésta algunos años más tarde, lo escribian los Inquisidores al Consejo. «Desde
que recibió la sentencia, nos da cuenta el comisario,
decian, no solamente ha dado satisfacción á ella, sinó
que continúa la frecuencia de los sacramentos anual-
mente, que es muy otro de lo que era antes, que se le
nota mucha modestia, piedad y compostura, así en
acciones como en palabras; lo que ponemos, agre-
gaban, en noticia de V. A. para que lo tenga presente
en la vista de su causa:» la que, asi, cinco años más
tarde, aún no se daba por concluida. [1]

Pero, qué decimos! en realidad, sólo en 7 de Mayo de 1772, mandó el Consejo suspender el proceso, no

---

1. Carta de 3 de Febrero de 1758.

sin advertir á los Inquisidores que habian procedido
en ella indebidamente al votarla sin presencia del
ordinario: [1] y para esto habia sido necesario que
transcurriese un cuarto de siglo!

---

1. Débese advertir á este respecto que el arzobispo había sido re-
querido anteriormente para que dejase quien le representase en
México, á cuyo efecto envió poder al canónigo doctor Porti-
llo, de quien no tuvo respuesta, sin duda por haber sido transladado á Valencia, y que en vista de no conocer otra persona de confianza en la ciudad, era su intención, según expresó al comisario,
que el Tribunal eligiese la que gustase, defiriendo enteramente á
este nombramiento. Carta de los Inquisidores de 26 de Septiembre
de 1772.

CAPITULO VII

Nuevo proyecto para establecer un tribunal del Santo Oficio en Manila.—Razones en que lo apoya su autor.—Arbitrios que propone para su fundación.—Parecer que al respecto da el jesuita Pedro de San Cristóbal.—Al fin nada se resuelve sobre el particular.—Proceso seguido á varios marineros de un buque inglés.—El comisario Ustáriz se queja del gobernador Marqués de Ovando.—Los francmasones en Filipinas.—Es denunciada una patente impresa de la Orden Tercera de San Francisco.—Toma de Manila por los ingleses y transtornos que este hecho acarrea en los negocios del Santo Oficio.—Ultimos reos de la Inquisición.

EXCEPCIONALES eran las circunstancias en que se hallaban las Islas con respecto al Santo Oficio por lo tocante á su población, á la distancia y á otras de que hemos hecho mención antes; y ellas fueron las que hicieron revivir á mediados del siglo XVIII el antiguo proyecto de fundar allí un tribunal especial. En efecto, en 1749, don Francisco de Rauzo envió desde Madrid al Inquisidor General uno que estimaba «muy necesario y conveniente á la gloria de Dios,» pidiendo que, si se aprobaba, lo propusiese al Rey.

Los antecedentes en que ese proyecto se fundaba y las conclusiones en él sustentadas nos inducen á transcribirlo á la letra.

«Illmo. señor.—En las islas Filipinas, uno de los grandes dominios que tiene el Rey, nuestro señor, en las Indias Orientales, donde se ha cultivado y crecido tan felizmente el grano del Evangelio que el dia de hoy se cuenta un millón de almas perfectamente instruidas en la religión católica romana, establecida en muchas provincias y innumerables poblaciones sujetas á su Magestad Católica, y gobernadas politicamente por capitanes, alcaldes y gobernadores españoles, siéndo la capital de estos dominios la ciudad de Manila, donde reside un gobernador y capitán general, presidente de una Real Audiencia muy respetable, compuesta de cinco oidores, una real contaduria, regida de cinco oficiales reales, un consejo militar y ciudadela defendida con siete compañias de soldados y de los oficiales respectivos, y en lo eclésiástico ennoblecida con un arzobispo, Iglesia metropolitana con su deán, arcediano, chantre, maestre-escuela, tesorero, doctoral, magistral, canónigo de gracia, racionero y medios racioneros; dos universidades, donde se enseña á un florido número de estudiantes las letras humanas, filosofia, teologia, leyes y cánones; dos collegios muy distinguidos, un seminario del Tridentino y otro seminario de indios y mestizos; un convento muy grave y numeroso de San Agustin, otro de Santo Domingo, otro de San Francisco, un collegio grande de la Compañia, un convento de descalzos de San Agustin, otro de San Juan de Dios, un convento de monjas de Santa Clara, un beaterio numerosísimo de Santa Catalina y otro de indias y mestizas.

«Este emporio casi de todas naciones, pues con grande gloria de la española, concurren á su tráfico no sólo las gentes de la Asia, de la India Oriental, del gran Mogol, dela Tartaria, de la Armenia, sinó también de la Europa, franceses, holandeses, ingleses y portugueses, está tan inmediato á la gran China, Japón, Mogol y la India Oriental, que no sin grandes fundamentos se espera que, cultivando y encerrando en si una cristiandad tan grande y tan florida, ha de servir de escala por donde pase y se extienda nuestra santa fe católica á los imperios y naciones más numerosas de la tierra.

«Por un fin tan de la gloria de Dios, y para que á vista de tantas naciones idólatras, mahometanas, cismáticas y herejes de todas sectas, que concurren y trafican por Manila, se conserve la fe católica pura, ilesa y limpia de toda mancha, me ha parecido representar é informar á V. S. I. los medios que me parecen conducentes y necesarios para conseguir un fin tan glorioso á la nación española y á la santa Iglesia católica romana.

«Y, siendo el tribunal de la santa Inquisición la piedra del toque de nuestra santa fe, parece que si en algún dominio, reino ó provincia de el Rey Católico, nuestro señor, era necesario este santo Tribunal, es en las Filipinas, no sólo por las razones que se ofrecen á la primera vista de la introducción que llevo hecha, sino por otras muy particulares y urgentes que expondré con la mayor brevedad.

«A los principios de aquelllas conquistas, se esta-

blecia en Manila un comisario de la santa Inquisición, subdelegado y dependiente del Tribunal de la
Nueva España, que reside en México. Esta comisaria estuvo muchos años en la religión de San Agustin, por haber sido la primera que entró á evange-
lizar en aquellas partes; después, por un caso muy
ruidoso, pasó á la religión de Santo Domingo, donde al presente está ejerciendo un religioso particular
una jurisdicción tan universal, que por la distancia grande de tres mil leguas á México, que es mucho mayor y más expuesta que la que hay de México
á España, es preciso que en muchos casos corte
absolutamente con los inconvenientes que de las
cansas gravisimas de este santo tribunal se pueden
concebir; y á la verdad, por motivos de grande consideración, como el haber remitido á un jesuita muy
grave con la nota de reo, desde Filipinas á México,
donde se declaró del todo inocente y, honrado públicamente, como acostumbra este santo Tribunal, volvió á Filipinas triunfante y con el grado de calificador,
y por otras justísimas causas, se determinó señalar
un particular comisario precisamente para los religiosos de la Compañia de Jesús, como ha muchos
años que lo tiene, y al presente lo es un religioso
de San Francisco. [1]

1. El jesuita que volvió triunfante á Manila después de haber sido enviado á México como reo del Santo Oficio, á que se alude en
este párrafo, no lo podríamos señalar con certidumbre, pero es probable que lo fuese el P. Cani.

Respecto á los comisarios especiales á que también se alude en
este lugar, sólo indicaremos aquí al doctor D. Martin José de En-
daya y Rayo, que desempeñaba ese cargo en 1736, y cuya biogra-
fia consta de la relación de sus méritos que describimos bajo el número 431 de nuestra *Bibliografía española de Filipinas*.

«Por semejantes inconvenientes,· y otros muchos que se pueden inferir, pudiera la religión de San Agustin pedir otro comisario particular, y aún otro la religión de San Francisco, que todas en Filipinas tienen unas provincias muy numerosas; pero quedarian en pié las mismas dificultades, porque estos comisarios separados, no formando un cuerpo ó tribunal, y careciendo de ministros para poder inquirir y formar las causas con el acierto que acostumbra el Santo Oficio, viene á depender de un hombre solo la formación de las causas del mayor momento, y pidiendo éstas muchas veces una pronta resolución, como de prisión, etc., ó la habrá de determinar un hombre solo, tan expuesto á errar, como se vió en Manila en la prisión pública y afrentosa de un gobernador y capitán general inocente, á quien, por no haber cárcel del Santo Oficio, encérraron en la pública ciudadela; y embarcado después de un año como reo, murió afrentado en el camino; ó si se espera la determinación del Tribunal de México, distando éste tres mil leguas, sin más conducto que un sólo navío, que en una navegación tan dilatada suele arribar, ó perderse muchas veces, quedarán, ya notados de infames los inocentes, ya impunes los delitos, y expuestas á contaminarse tantas y tan floridas cristiandades.

«Por lo cual, y porque á vista de lo dicho no pueden hacer paridad otras provincias que se gobiernan inmediatamente por solos comisarios, parece necesario que en Filipinas y su dilatadisima jurisdicción, que así en la cristiandad grande y numerosísima, como en la distancia, excede sin compara-

ción á cualquier reino ó provincia donde no se halla
establecido el Tribunal del Santo Oficio, se establez-
ca en Manila este santo tribunal: fuera de que militan
otras razones tan particulares para persuadir este intento que solas ellas bastarian para hacerlo ejecutar
con la mayor prontitud.

«La primera, porque andando mezclados por razón
del tráfico del comercio, gentiles, herejes, moros,
cismáticos y cristianos, pide todo un celo y perspi-
cacia del Santo Oficio el peligro inminente de contaminarse aquellas cristiandades.

«La segunda, porque aunque las religiones de Filipinas velan como madres celosas de aquellas cristiandades que les han costado tanto sudor y sangre,
no pueden dar las providencias necesarias, y si re-
curren al comisario, éste, por falta de ministros, se
embaraza aún en las providencias interinas, por
falta de jurisdicción.

«La tercera, porque son tan diferentes las costumbres de los asiáticos y las correlaciones de los
grandes imperios de China, el Japón, el Mogol y
otros reinos adyacentes, que los inquisidores de México, si quisieran cuidar de aquellas cristiandades
con el acierto debido, debieran consultar á los teólogos que viven en aquellas misiones, y de consultas
y respuestas en tanta distancia, se originaria la con-
fusión que tanto se lamenta en la Gran China.

«La cuarta, porque aunque todos los dominios de
nuestro católico monarca están independientes de
la Congregación de Propaganda, pero estando tan
contiguas las Filipinas á sus misiones, amenazan
cada dia tales disturbios, que sólo el carácter y seve-

ridad de un tribunal de la Inquisición podrá evitarlos y desvanecerlos.

«La quinta, porque son tantos los jansenistas que
han entrado en el oriente y en la China por Pondicheri, Bengala, Madras, Batavia y Malaca que sólo para este fin y para hacer cara à la herejia, se necesitaba en Manila la frente irresistible de un tan
respetable tribunal.

«Supuesta la necesidad del santo Tribunal de la
Inquisición en Manila, sólo resta que allanar la dificultad de su formación y establecimiento, y aunque
estos dos puntos, como tan graves, se deben remitir en todo al supremo juicio de V. S. I., para facilitarlos insinuaré algunas especies, con el debido respeto á un asunto de un orden tan superior; y en primer
lugar, siendo la base fundamental de un tribunal tan
santo la integridad, calidad, desinterés, literatura, celo, madurez y virtud experimentada de los sujetos que
deben formar un cuerpo tan respetable, y siendo
tan dificultoso por la distancia grande de cinco mil
leguas que hay desde España á Filipinas, se hallen
en ella sugetos de este caràcter que quieran sacrificar su vida sin interés alguno y sólo por el celo de
la conservación y extensión de la fe católica, parece
necesario un arbitrio que, siendo de la aprobación
de V. S. I., lo facilitará todo.

«Este es, señor, que habiendo en las Islas Filipinas
cinco provincias muy santas y muy numerosas de
Santo Domingo, San Agustin calzados, y descalzos
de San Francisco y de la Compañia de Jesús, y floreciendo en ellas, como siempre han florecido, muchos sugetos de la mayor gravedad, calidad, celo,

desinterés y otras prendas que necesariamente deben concurrir, especialmente en las Indias, para formar unos ministros y un tribunal de tanta expectación, y con más particularidad en Filipinas, á la frente de tantos herejes, idólatras, moros y cismáticos, que nada más abominan que el fausto y ambición de los ministros de nuestra santa fe, me parece que V. S. I. podia hacer el encargo del decanato de este tribunal al arzobispo de Manila, que es ó fuere, y que entre tantos sugetos beneméritos de la santa Iglesia, que por sola su exaltación, despreciando sus patrias, parientes, universidades y otras conveniencias, se sacrificaron al yugo del carro de la Iglesia de Dios, excoja por está primera vez, á proposición de los superiores de las religiones de quienes V. S. I. gustase hacer esta confianza, los sugetos más dignos para tan alto ministerio, con la obligación de dar cuenta á V. S. I. para su aprobación.

«De esta suerte, señor, se podia formar un tribunal tan santo como integérrimo, que preservase de los muchos inconvenientes que lastimosamente se han experimentado y que cada dia pueden temerse, previniendo al tribunal y superiores de las religiones para lo sucesivo, que faltando algún ministro, los superiores de cuya religión fuese, propongan á aquel tribunal tres sugetos de la misma religión para que, con su informe, pueda V. S. I. nombrar al que hubiere de substituirle, subdelegando V. S. I. sus facultades en aquel tribunal para que, á proposición de los mismos superiores, nombre sugeto que sirva interinamente, encargando sea siempre aquel de

de quien se haga juicio pueda tener mayor proporción á ser nombrado en propiedad.

«Y porque por la misma razón de la distancia suma de España á Filipinas, milita la misma dificultad
en la elección de los ministros inferiores, parece
consiguiente al arbitrio propuesto que V. S. I. haga
el encargo al dicho tribunal para que por la primera
vez elija de los sugetos más dignos europeos, los que
le parecieren más á propósito para dicho ministerio,
dando parte á V. S. I. para su confirmación, y que
por la falta de cualquiera de éstos, en adelante se ob-
serve lo mismo que se ha insinuado en orden á la
elección y confirmación de los inquisidores.

«Y para el sólido establecimiento de este tribunal,
si pareciese, por las razones propuestas, que sean
elegidos los sugetos ya mencionados, viviendo éstos
en sus misiones muy contentos con sola la limosna
que el Rey, nuestro señor, les da para su preciso ali-
mento, y siendo ésta de trescientos pesos al año, regularmente en las misiones de Indias, sin añadir
cosa alguna sinó manteniendo Su Majestad Católica
á los inquisidores como á misioneros, se lograria un
fin tan glorioso como necesario; y por lo que mira á
los demás oficiales respectivos, siendo este carácter
de tanto honor, especialmente en las Indias, al primer paso se hallarán sugetos que sirvan estos em-
pleos, no sólo sin interés alguno, sinó con agrade-
cimiento.

«Finalmente, porque habiendo en Manila una iglesia catedral y dos universidades, puede ofrecerse
algún escrúpulo de no mencionarse en este informe
los canónigos ni otras personas seculares de facul-

tad, se debe prevenir á V. S. I. que, por ser estos casi siempre criollos, esto es, nacidos en aquellas partes, los he callado por fuertes razones que tengo para ello.

«La primera, porque la calidad del nacimiento, tan necesaria para la limpieza de este tribunal, en aquellas partes seria muy dificil averiguarla. La segunda, por el general y no mal fundado concepto que tienen los europeos de la mala conducta de criollos. La tercera, por la facilidad é inconstancia casi innata de las costumbres del pais, muy distante de la gravedad y entereza sólida tan necesaria en unos ministros del Santo Oficio, que en esta linea deben ser impecables, ó á lo menos, tenidos por tales y respetados. Pero esto nada embaraza para que, si se hallasen sugetos exceptuados de estas generales impresiones, pueda V. S. I. echar mano de ellos con el acierto que acostumbra el Santo Oficio.

«Y si sobre alguna ó algunas de estas especies insinuadas se ofreciese reparo ó dificultad de consideración, el informante dará satisfacción con igual gusto que reconocimiento.» [1]

Con vista del proyecto, pidióse informe al jesuita Pedro de San Cristóbal, procurador de la provinvincia de Filipinas, quien manifestó que la especie le parecia tan acertada que la veneraba «como venida de la mano de Dios.» La cuestión estribaba en proporcionarse los arbitrios necesarios para costear el establecimiento y asegurar la vida del tribunal.

---

1. Inquisición de México, legajo 3.

Tres eran los que indicaba el P. San Cristóbal: que se diese en propiedad al tribunal el empleo de secretario del Gobernador, que, aunque propio del Rey, estaba siempre vaco y servido por un interino, por no haber quien le comprase; destino que dejaria libres unos seis mil pesos. El segundo era hacer otro tanto con la secretaria de la ciudad, que, dada en propiedad á la Inquisición, y poniendo ésta un teniente, le dejaria poco menos; y el tercero era el del estanco del buyo, frutilla aromática tan apetecida de los orientales, según expresaba, que dejarian antes de comer pan que de masticar el buyo, ramo que rentaria ocho mil pesos al año. Con el producto de estos tres arbitrios, el padre jesuita creia que habia más que suficiente para asegurar la existencia del tribunal.

Pero el expediente no pasó más allá: la Inquisición hacia mucho tiempo á que habia dejado de ser lo que fuera un siglo antes; las nociones de tolerancia en materia de ideas religiosas se iban abriendo camino, tardio pero seguro, y en realidad de verdad, como los hechos lo atestiguaban, las Filipinas jamás habian dado gran cosa que hacer á los comisarios del Santo Oficio.

Continuemos ahora con las causas de fe.

El 16 de Noviembre de 1752, veinte ó más marineros moros del servicio de un buque inglés, alquilaron cuatro barquillas con sus remeros, y uniéndolas formaron con ellas un pabellón, dentro del cual, sobre una mesa, colocaron una petaquilla, en cuyo interior iba, según decian, un idolo, al que festejaban y daban culto con gran algazara. Entre cantares y el humo del incienso avanzaron por el río, hasta que llegados á cierta parte, amarraron dos piedras al idolo, y prévias muchas reverencias, le tiraron al agua.

Dijose que de este hecho habia resultado escándalo en el pueblo, y siendo denunciado al comisario Fr. Bernardo de Ustáriz, trató luego de levantar información del caso. Comenzó por dirigirse al Arzobispo y luego al Gobernador para que le diesen ministros de su satisfacción que le asistiesen en las diligencias que pensaba practicar, negándose ámbos con pretexto de que no tenian oficiales de la calidad que se solicitaba. Recurrió entonces el comisario al general D. Antonio Romero, para que, como familiar, actuase en las diligencias de la información, que en dos dias quedó terminada. Tratóse en seguida de asegurar á los reos, para lo cual era indispensable la fuerza pública y cárcel en que guardarlos, que sólo podia fácilitarla el gobernador Marqués de Ovando. Pero hubo de salir bien mohino de su presencia el general Romero, cuando tuvo por respuesta que, en virtud de los despachos y reales cédulas que obraban en su poder, era él el juez privativo de la causa, cosa que repitió luego al comisario, á quien para el caso mandó llamar á su despacho, rogándole que se abstuviese de entender en aquel negocio, pues se hallaba por su parte con intento de castigar á los culpables.

«Por remate digo, concluia el comisario dando cuenta de lo ocurrido á sus superiores de México, que este Gobernador se hace inaccesible é intratable con él cualquier negocio, pues la gran satisfacción que de sí tiene y la tenacidad con que se obstina en su propio dictámen, le hace atropellar los respetos que debiera guardar, como de lo referido puede constar á V. S. I., á quien lo informo para que, en su vista, determine lo que fuere de su justificado agrado.» [1]

El Tribunal, con vista de los antecedentes y por auto de 19 de Febrero de 1754, resolvió que el conocimiento del negocio era de su exclusiva competencia, y que de ese modo el Gobernador habia faltado á la obligación en que se habia hallado de facilitar el auxilio que se le tenia pedido por el comisario, mandando que se borrase de cualquier instrumento judicial su respuesta, en cuanto decia que podia conocer de semejantes causas, y que asi se le hiciese saber por el comisario y notario en persona.

El fiscal del Consejo, informando sobre todo, manifestó en resumen que, conforme al articulo 28 del tratado de paz con Inglaterra de 1713, ninguno de los súbditos de ambas naciones podia ser molestado por causa de religión, mientras no hubiese escándalo ú ofensa pública, esto es, mientras no se tratase de irreverencia á la religión católica, desprecio del Santisimo Sacramento y actos semejantes respecto á los españoles; pero no á lo que ejecutaban en observancia de «sus falsas sectas,» retirados del pueblo.

Creia, pues, el fiscal, que los Inquisidores de México debian abstenerse de proceder en la causa y limitarse á escribir al Gobernador que corrigiese el exceso que se notaba en aquel caso por parte de los

1. Carta de 16 de Abril de 1753.

extranjeros; pero en el Consejo se resolvió decirles «que estaba bien lo practicado en este negocio y que quedaba el Consejo de tomar alguna providencia para lo venidero, representando á S. M. lo actuado y suplicándole lo conveniente.» [1]

Otra queja tuvo también el comisario Ustáriz contra el Marqués de Ovando, que transmitió á México, y de allí fué al Consejo. Tratóse de que un teniente de artillería, llamado D. Félix de Eguiluz, tuvo encargo de embarcar para Acapulco á un reo del Santo Oficio, D. César Fallet, con cuyo motivo se presentó en palacio á manifestar á Ovando la ausencia que debia hacer de la plaza, pasándole para que la viese la comisión que tenia del Santo Oficio. Pero apenas leyó el Marqués las primeras palabras del mandamiento que decian: «Yo...mando al teniente tal,» le devolvió el papel, diciéndole que á él, como oficial del Rey, no le mandaban sino sus jefes, y que fuese á hacer rectificar la orden. Seria ocioso que relatásemos las demás incidencias de tan nimio asunto, pués bástenos con saber que Ovando metió luego en la cárcel al comedido familiar y después le privó de la mitad del sueldo.

Ustáriz se quejó, naturalmente, al Tribunal del proceder de Ovando, diciendo que éste «exageraba» tanto su autoridad que, según le tenian asegurado varias personas, se habia propasado á decir que era tal su poder que podia «hacer, deshacer y mudar el Credo.» De México se dieron instrucciones generales al comisario sobre su conducta en lo de adelante

---

1. Acuerdo de 3o de Julio de 1755.

en casos semejantes, y se acordó desentenderse de
lo tocante á Ovando, en atención á que le iba ya sucesor.

Otro tópico que comenzaba á preocupar por entonces la atención del Santo Oficio era la «secta» de
los francmasones, de la cual no faltó también alguno
que la representase en las Filipinas.

En efecto, en 10 de Enero de 1756, se llamó en
Binondoc á D. Eduardo Wogat, natural de Dublin,
para que declarase, y dijo ser francmasón, médico; y
en 12 de Febrero á D. Diego O'Kennedy, comerciante, también irlandés, ambos vecinos de Manila, los
cuales, después de contar las fórmulas de su ingre-
so y profesión en la secta, fueron absueltos *ad cautelam*, por la buena, cristiana y católica disposición
que halló en sus personas el P. Fr. Antonio Calonge, religioso de Santo Domingo y comisario del
Santo Oficio en aquellas Islas, haciendo oficio de
notario el P. Fr. Pedro Luis de Sierra, calificador
del mismo Tribunal. [1]

Por esos dias denunciaron al comisario Calonge
algunos escrupulosos el tenor de una patente impresa que se daba en Manila á los que profesaban
en la Orden Tercera de San Francisco, obligán-
dose á defender la Concepción Inmaculada de Maria Santisima «en el sentido que en adelante tuviere
la religión seráfica.»[2] Luego que en el Tribunal se re-

---

1. Carta del Tribunal de México, de 8 de Diciembre de 1757.
En el Consejo se puso el reparo de no haberse expresado la causa
que precedió para llamar á éstos irlandeses, ya que la orden del
Consejo de 21 de Agosto de 1751, sólo hablaba de los que se presen-
taran voluntariamente á declarar.

2. Carta del comisario al Tribunal. Binondoc, 3 de Junio de 1756,

cibió la carta y la patente denunciada, hizo calificar la proposición materia del escrúpulo á los padres
jesuitas Francisco Javier Lazcano y Juan Francisco
López, que opinaron que la patente podia correr en
la forma en que estaba, y después de haber practicado otras actuaciones, remitieron todo al Consejo,
donde se mandó que por entonces no se hiciese novedad en la patente denunciada. [1]

La toma de Manila por los ingleses, el dia 5 de
Octubre de 1762, llevó un trastorno considerable á
las cosas del Santo Oficio en Filipinas. Con la turbación que embargó los ánimos con aquel suceso, no
se extrajo de la ciudad todo lo que hubiera sido de
desear, y en ese caso se hallaron les papeles de
la Comisaria. En los primeros dias de la ocupación,
aunque penetraron los ingleses en la celda del comisario, no se cuidaron de los papeles inquisitoriales; pero el 12 de Marzo, un inglés católico y aquel
mismo D. César Fallet que habia sido penitenciado
por la Inquisición, avisaron al comisario Fr. Pedro
Luis de Sierra, que se le mandaria prender por
el Gobierno británico y llevar á su Consejo todos los
papeles que guardaba. «Con esta noticia, refiere el
P. Sierra, entregué á las llamas cuanto contenia el
archivo, para que nunca percibiese el enemigo hereje lo que el Santo Oficio reservaba.» Fué, en efecto,
apresado el dia 21 y puesto luego en libertad, pero
el 24 volvieron dos oficiales y un piquete de soldados á registrar el archivo, con pretexto de que habia

---

[1]. Carta del Tribunal, de 16 de Abril de 1763, y acuerdo del Consejo de 31 de Agosto del mismo año.

alli armas encerradas, pero al abrirlo «y al verse sin papel alguno, refiere el mismo comisario, me llenaron de injurias, y llevándome preso al tribunal ó Consejo británico, les expresé claramente que entregué al fuego todos los papeles, porque nunca llegasen á penetrar los secretos que me estaban confiados, y cuando yo esperaba mil oprobios, prorrumpieron el Gobernador y consejeros en la expresión de que la Inquisición española era, al paso que católica, politica.» [1]

Con la ocupación inglesa, los oficiales del comisario huyeron de la ciudad, de modo que por algún tiempo se encontró sin auxiliares, y por mucho sin las intrucciones á que debia ajustar su conducta.

Luego que en el Tribunal se tuvo noticia del percance ocurrido al comisario, aprobaron desde luego su conducta, y procedieron en varias ocasiones á redactar y á enviarle las instrucciones necesarias para el posterior ejercicio de su cargo, ampliando sus facultades en términos generales, y en algunos especificos, hasta aquellos limites que se estimasen permitidos en derecho, disposición que mereció algunas observaciones y critica de parte del Consejo. [2]

Para concluir con la nómina de los procesados por el Santo Oficio en Filipinas, apuntaremos al portugués José Rodriguez de Rocha, enjuiciado por bigamo en el puerto de Iloylo, en 1773, que fué entregado por la Real Audiencia de Manila al comisario de la Inquisición.

---

1. Carta al Tribunal: Manila, 3o de Marzo de 1764.
2. Carta del Tribunal, de 22 de Diciembre de 1773.

D. Juan Silverio de Nava, cura de Terrenate, había sido procesado por solicitante, pero sus acusadoras, Maria Dominga Meléndez, mulata, y las indias Maria de la Encarnación y Manuela Antonia fueron condenadas, en 1770, por haberle levantado falso testimonio, á salir en auto y á la verguenza pública.

CAPITULO VIII

Como es bien sabido, una de las principales atribuciones confiadas á la vigilancia de los ministros del Santo Oficio fué la expurgación de los libros que contuviesen algo contra la fe. La relación de las obras condenadas en todo ó en parte por esta causa, forma, sin duda alguna, uno de los capitulos más curiosos de la historia de los tribunales de la Inquisición en América. Dada la índole del presente trabajo y de los estrechos límites á que hemos debido circunscribirnos, no nos es posible entrar aquí en consideraciones generales sobre tan interesante materia, debiendo limitarnos á indicar brevemente los libros y autores que en Filipinas merecieron ser denunciados ó condenados por el Santo Oficio.

La primera denunciación que hayamos encontrado corresponde á los fines del siglo XVII y precisamente á un dominico, el P. Fr. Baltasar de Santa Cruz, por su libro *Historia de Barlaam*, denunciado á la Inquisición el 23 de Febrero de 1696 por Fr. Juan de Paz. [1]

Dióse á la censura de Fr. Juan Bautista Méndez y Fr. Agustin Dorantes, y en su consecuencia se mandó en 3 de Marzo que se tildase al folio 65 vuelta, desde la línea segunda hasta las palabras *de por sí.* Notificado Santa Cruz, respondió con un largo escrito, que se recibió en México en 7 de Enero de 1699. Volvió á la censura de los mismos, y á la de Fr. Pedro Antonio de Aguirre y Fr. Diego Marin, resolviendo el Tribunal en definitiva que se guardase lo resuelto.

La *Crónica* del P. San Antonio fué denunciada, principalmente por la frase: «quedaron nuestros monarcas católicos, no sólo emperadores supremos de las Indias en lo terrenal, sinó en lo espiritual y eclesiástico;» pero no parece que al respecto se tomara resolución alguna.

Hubo otros libros de autor filipino, impresos con

---

1. Fr. Juan de Paz, prior del convento de Santo Domingo de Manila en 1678, en cuya fecha tenia 56 años; electo colegial de San Gregorio de Valladolid y después del de Santo Tomás de Sevilla, donde leyó artes antes de ser sacerdote. «Después acá, ha más de 26 años que ha leído artes y teologia veces diversas en Santo Tomás de Manila; ha sido regente de estudios y rector de dicho colegio.» Carta de Fr. Juan de los Angeles al Santo Oficio de México, de 15 de Junio de 1678.

anterioridad al del P. Santa Cruz, pero cuya denunciación tuvo lugar mucho más tarde. En efecto, en
4 de Julio de 1772, el agustino Fr. Juan Eusebio Polo,
dirigía al Tribunal de México la carta siguiente:

«Illmos. SS. Inquisidores de la santa Inquisición
de México.—Obedeciendo, señores, como católico,
cristiano y verdadero hijo de mi padre San Agustín
á las constituciones apostólicas citadas en el edicto
de la santa General Inquisición de España, que pro-
hiben, aún en escritos y pláticas privadas, afirmar
la concepción de la Virgen María en pecado original, me veo obligado por dichas apostólicas constituciones y edicto general, á escribir ésta á V. S. Ilustrísima. No he presentado esta mi delación á el
M. R. S. comisario de esta santa Inquisición que
reside en la ciudad de Manila, por motivos muy graves que en las presentes circunstancias me asisten.
El M. R. P. Fr. Francisco de San José, del sagrado
orden de predicadores, fué uno de los más celosos
ministros que con su doctrina y vida exemplar
alumbró á todas estas provincias de indios tagalos
por fines del siglo XVI, y después también fué el
Demóstenes de esta lengua tagala, y nos dejó muchos libros impresos y manuscritos llenos de piedad
y erudición, mas, como dicen, *aliquando bonus dor-
mitat Homerus.* Vuestras Señorias Ilustrisimas ve-
rán por el pliego adjunto, las doctrinas que delato á
ese santo Tribunal, al cual quise escribir aparte porque si Vuestras Señorias remitiesen á Manila esta
mi delación, no sea conocida mi firma y las de los
RR. PP. de mi religión que certifican el pliego, y así
excusar aún los remotos peligros de sentimiento

11

entre las dos religiones; la cual certificación me pareció precisa por no poder yo remitir á ese santo Tribunal los libros, que sólo he pedido prestados para este efecto. Advierto si que el manuscrito de sermones que allí cito, anda muy estimado entre los padres ministros y hay de él bastantes copias.

«No obstante que los dos RR. PP. que á la vuelta firman son ministros antiguos en estos pueblos de tagalos, peritos en este idioma, el uno lector jubilado y el otro también ha sido lector en esa ciudad, creo que no faltarán algunos religiosos intelligentes de esta lengua tagala. Todo lo pongo á el juicio de Vuestras Señorias, quedando siempre obediente á sus mandatos. Dios, nuestro señor, conserve á Vuestras Señorias en su divina gracia, como se lo pido. —En este de Nuestra Señora de Guadalupe, en 4 de Julio de 1772.—Ilustrisimos Señores Inquisidores.— B. L. M. de vuestras Señorias Ilustrisimas su menor capellán y servidor—*Fr. Eusebio Polo.*» [1]

Las proposiciones denunciadas, traducidas del tagalo, se referian al tomo manuscrito de *Sermones.*

«En un libro impreso del mismo P. San José, donde está el indice de todas sus obras, se hace mención de este libro manuscrito, *Sermones de Santos.* El mismo R. P. fray Francisco de San José, en un libro muy pio y utilisimo á todos, intitulado *Memorial de la vida cristiana*, en lengua tagala, impreso segunda vez en México, año de 1692, en la segunda parte, pag. 151, etc.»

Pero las cosas no pararon ahí, sinó que, conti-

---

1. Inquisición de México, legajo 20.

nuando su denunciación, los calificadores se atrevían á impugnar aún la obra de un obispo: «En un librito de oro y utilisimo para todos los tagalos, impreso en Manila, en 8.°, decian, que consta de treinta y dos fojas, y se intitula *Carta Pastoral* del Ilustrisimo Sr. Dr. D. Diego Camacho y Avila, arzobispo de Manila y electo obispo de Guadalajara, á sus amados hijos, naturales de las provincias de los tagalos, al fol. 9, etc.»

Remitido el expediente al Consejo, en carta de 22 de Octubre de 1773, se resolvió, en 27 de Enero del año siguiente, que se hiciese buscar en México ó Manila los libros delatados y que se examinase por peritos la traducción presentada, y después de reconocida por los dos padres agustinos que dieron su calificación en Manila (y cuyos nombres no constan) lo viesen, votasen y remitiesen al Consejo.

Dos años después de esta denunciación, circulaba en Manila un manifiesto de las monjas de un convento de aquella ciudad, con el siguiente titulo:

«La priora y demás religiosas del monasterio de Santa Catarina de Sena, de las Terceras de N. Padre Sto. Domingo de la ciudad de Manila, en defensa de sus votos solemnes y de su honor profanado públicamente por la Madre Sor Cecilia de la Circuncisión, y de sus defensores, proponen al mundo el derecho de su solemne profesión religiosa. Y asimismo declaran con su religiosidad el más puntual arreglamiento á las reales determinaciones de S. M. C. y á las cristianas disposiciones de su gran bienhechor, dotador y fundador D. Juan de Escaño, varón de eterna memoria. Y finalmente para echar la llave al derecho de su religión, revalidan notoriamente su profesión solemne, interponiendo una reverente petición al Sumo Pontífice y al Rey, nuestro señor, para que con sello pontificio y regio, se selle el derecho de su religiosidad, y se sellen también las bocas de los mal contentos de su solemne profesión.»

Suscripto en Manila, á 22 de Diciembre de 1750, este papel fué denunciado al Santo Oficio por Fr. José de Herrera, provincial de los dominicos de Filipinas; formóse el respectivo expediente, en que se copió íntegro el documento, y previo informe de cuatro calificadores, se dictó auto por el Tribunal de México, en 9 de Octubre de 1754, mandando remitir los antecedentes al Consejo, donde no consta que tampoco se hiciese diligencia alguna sobre el particular.

Las ruidosas cuestiones á que en México y en otras partes de América dió lugar la expulsión de los jesuitas, entre sus defensores y sus enemigos, y que en México especialmente valió á los Inquisidores una severa reprimenda, por su inercia en castigar á los que circulaban libelos contra las autoridades; nada de particular ofreció en la capital de las Islas, á no ser la denunciación que el comisario Fr. Joaquín del Rosario hizo al Inquisidor General de la conducta del oidor D. Domingo Blas de Basaraz, que, prevalido de su autoridad, procedió á recoger varios impresos contra los jesuitas. [1]

Unos cuantos dias después de haber tenido lugar

---

1. Carta del Comisario, de 10 de Enero de 1770.

la denunciación de las obras del P. San José, de que hemos hablado, el comisario dirigia al Tribunal el siguiente oficio:

«Illmo. Señor:—Envio á V. S. I. el sermón que predicó el dia de la conversión de San Pablo, en el convento de San Agustin de Manila el Padre Fr. Andrés Patiño, del orden de los Hermitaños de San Agustin, este año de setenta y dos. Si este sermón se predicara diez años después ó diez años antes, no hubiera causado escándalo, pero en las circunstancias del dia y del tiempo, conmovia tres tribunales á un tiempo mismo, con sentimiento aún de algunos religiosos de su orden. Antes que llegase á mi la denuncia, ya habia llegado la noticia del escándalo, porque preguntando por curiosidad á uno de mis colegiales, como suelo, cuando vienen de oir algún sermón, qué era lo que habia predicado el padre, me respondió con la acción natural de taparse los oidos: ¡Jesús, Jesús, y cuantas cosas metió el padre en el sermón! Alli salió también el concilio, y que no habia obligación de obedecerlo. No me acuerdo puntualmente de lo demás, pero aseguro con toda verdad de con sólo oir al colegial hablar del sermón, hice juicio de que habia estado el predicador satirico. Aún no habian pasado seis minutos, cuando el padre Fr. Juan Amador, conventual de la casa de Santo Domingo, se me presentó y dijo que venia á denunciar el sermón que acababa de oir. Hizo la denuncia que consta de lo que remito con ésta, y el mismo dia por la tarde examiné al bachiller D. Bernardo de Montenegro. Pasé al punto á practicar las diligencias de pedir el sermón, y por la priesa que se dió el Ordinario, puede V. S. I. echar de ver qué ruido causaria el sermón, cuando se tiraban á hurtarse las horas los tribunales. Ello es que Gobernador, Arzobispo y Comisario del Santo Oficio pidieron el sermón. No entregó el P. Patiño el sermón el mismo día, por lo que consta de su respuesta. Aunque yo no he podido hasta ahora persuadirme de que un religioso de tan poca práctica en el ejercicio del púlpito y que no habia predicado hasta entonces sermón alguno en Manila, en concurso igual, tuviera tanta facilidad y felicidad en el decir que pudiera estar por una hora perorando, sin el auxilio del papel, y nadando *sine contice*, sin que desmayaran los brazos; el predicar de repente lo he visto en muchos, pero en principiantes y tirones, sinó en los que después de muchos sudores perdieran el miedo al púlpito. Digo esto porque tengo por dilatoria la excusa que dió el predicador cuando se le pidió el sermón. En cuanto á las circunstancias en que se predicó, apuntaré brevemente los sucesos á que hace alusión. El dia de Pentecostés de setenta y uno, se tuvo la primera sesión del concilio provincial. Antes de ella, en una junta pública y previa al concilio, que se tuvo en el palacio arzobispal, se desazonó el obispo de Camarines, y se desentonó tan notablemente que ya comenzaron muchos á desesperar que el concilio se celebrara; voceó, gritó y al cabo se salió furibundo, y todo el ruido era sobre la elección de secretario y sobre el modo de firmar los decretos. El Obispo de Camarines tenia de su partido á todos los franciscanos, agustinos, recoletos y seculares que seguían el bando de que no se admitiesen visitas de regulares y patronato.

«Es constantisimo que en estos dos puntos estaba el señor obispo de Camarines inclinadisimo á los intereses de los regulares y que discurria con ellos sobre unos mismos principios y vejeces de doscientos años. Otros tantos ha costado hacer que los regulares de aqui obedezcan al Rey, nuestro señor, y á los decretos del Tridentino; y todavia no están allanados á obedecer, aunque está decretado por el concilio el que asi lo hagan y mandado por el Rey, nuestro señor, en su tomo regio, que es el que va por delante en las actas del concilio.

«Por el buen modo y humanidad del arzobispo y obispo de la Nueva Segovia se pudo componer el que el de Camarines asistiese á la sesión primera; pero no tardó en sembrar el diablo su cizaña. Como el de Camarines conservaba siempre unos mismos sentimientos en orden á visita, patronato y elección de secretarios, etc., fomentados por los regulares, que le tenian todo ganado hacia sus intereses, no pudo durar la armonia, y asi se fué explicando más sin rebozo. En una palabra, llegó á términos de que por el Superior Gobierno se intimó ruego y encargo para que fuese á su obispado. El concilio prosiguió en paz y se concluyó con felicidad. Lo impugnó desde su obispado el de Camarines, publicó edictos dando por nulo el concilio, etc. Y esto es, en suma, lo tocante al concilio. Otro suceso es que el Gobernador retiró á Manila todos los agustinos que estaban en la provincia de la Pampanga, que es la mejor provincia que tenían, y entraron clérigos en todos sus pueblos, á excepción de seis religiosos que quedaron en la Pampanga, porque se sugetaron voluntarios á la visita y patronato. La única religión que está de parte del concilio y las mitras, es la de predicadores.

«A ésta le ha costado mil trabajos y calumnias el profesar la verdad y seguir el partido segurísimo de la obediencia al Rey, nuestro señor, sus leyes y las determinaciones del Tridentino, sin andarse valiendo de privilegios nulos ó dudosos. No va calificación alguna, porque la vispera de cerrar el pliego me avisó el calificador Fr. Pedro Fernández, que no habia podido concluir la censura, como consta del papel adjunto. El padre Fr. Santiago Portilla se halla tan achacoso, que habiendo tenido meses el sermón, no pudo trabajar cosa alguna, y necesita un muchacho que le lea, por estar cansadísimo. Dios, nuestro señor, prospere por dilatados años la vida y salud de V. S. I.—Manila y Julio 18 de mil setecientos setenta y dos.—*Fray Joachin del Rosario*, comisario de Manila.» [1]

Remitidos los autos á México, se dieron á calificar las proposiciones, quedando después de todo, persuadido el Tribunal de que el ejemplar que se habia manifestado era, en realidad, muy diverso de lo que el autor expresó en el púlpito. Dispuso, en consecuencia, en 7 de Septiembre de 1773, que el comisario volviese á pedir el sermón con los más fuertes apremios, y que en caso de resultar que las proposiciones fueran meramente ofensivas del Concilio

---

1. Inquisición de México, legajo 20.

provincial, suspendiese todo procedimiento, dando cuenta al Tribunal. [1]

Enviados los autos al Consejo, se resolvió, en 23 de Abril de 1774, que se diese de mano todo procedimiento, salvo en el caso en que el comisario hubiese ya adelantado en la sumaria, cosa que de seguro no llegó á tener lugar.

Estrecha relación con los procesos de la índole expresada, tienen los hechos siguientes:

Al comisario de Manila, Fr. Joaquin del Rosario, le fué denunciado por un fraile, en vísperas de morir, que en el barco en que había hecho el viaje desde Cádiz, en 1771, iba un francés, alférez de fragata, llamado D. Felipe Fournelly, hijo del cónsul francés en Vigo, que se negaba á hablar sobre puntos de religión, expresándose con poco aprecio de la literatura de los Santos Padres.

El mismo Fr. José Bautista Payato denunció también que en el barco había leido gran parte de la *Historia de Fray Gerundio de Campazas*; creyendo que estuviese sólo prohibida por el Consejo y no por la Inquisición, libro que era de propiedad del cirujano D. Diego Aragón, que en ese mismo carácter estaba en vísperas de embarcarse para Acapulco; agregando, además, una denunciación contra el padre jesuita Salvador Busquet, por actos de solicitación cometidos antes de la expulsión de la Compañia; denunciaciones todas que fueron enviadas á España para practicar las diligencias á que hubiese lugar. [2]

---

1. Autos de la materia, hoja 43; remitidos con carta de 22 de Diciembre de 1773.
2. Carta del Tribunal, de 26 de Enero de 1775.

Finalmente. por los años de 1800, un comerciante y vecino de Manila. llamado D. Ventura de los Reyes, entregó un ejemplar de la *Enciclopedia*, solicitando permiso del comisario Fr. Nicolás Cora para leer sólo los articulos que tratasen de ciencias físicas y matemáticas á que era muy aficionado, y consultado el caso á México, se mandó recoger la obra, si bien el Consejo condescendió más tarde en dar la licencia. con la cláusula de que á la muerte de Reyes se devolviese el libro al comisario.

Tal es la historia de lo que fué el tribunal del Santo Oficio en Filipinas. Para terminarla sólo nos resta decir que por decreto de las Cortes liberales de 1810; se declaró abolida la Inquisición en toda la monarquia española, y que restablecida después por Fernando VII, quedó totalmente extinguida por real orden de 9 de Marzo de 1820, con arreglo al decreto de las cortes extraordinarias; mandando á la vez se pusieran en libertad todos los presos. En consecuencia de esta resolución, el gobernador D. Mariano Fernández de Folgueras escribia desde Manila con fecha 14 de Agosto de 1821, al Ministro de Gracia y Justicia, que para el cumplimiento de aquella soberana disposición, la habia comunicado ya al R. P. Comisario y al Metropolitano, «para que ambos tuviesen conocimiento de aquella medida.»

La denunciante del P. Busquet fué una distinguida señora, hija de un titulo de Castilla. y casada con un regidor de Manila, que desde la edad de quince años y hasta los veinte fué confesada del jesuita.

APÉNDICE

Copia de instrucción de lo que el comisario que es ó por tiempo fuere deste Sancto Oficio en la cibdad y obispado de Manila é Islas Filipinas del Poniente, debe advertir y guardar para mejor execución del título y comisión que tiene.

1. Para este ministerio siempre se eligen personas de mucha suficiencia y aprobación de su limpieza de linaje, buena vida y costumbres, por información primero rescebida *in scriptis*, demás de lo cual se tiene satisfación de su prudencia, modestia y templanza, y que, mediante esto, sabrán usar y usarán bien de la comisión que se les da para el fin público que se pretende de la mejor expedición de los negocios y no para otro respecto particular. Especialmente conviene y se les encarga mucho que del nombre y título del Sancto Oficio no usen para venganza de pasiones particulares, ni con él atemoricen ni afrenten á persona alguna; y en cuanto la tal persona estuviere más sospechosa de su amistad, de-

ben proceder con más recato, porque, demás de la ofensa que á Dios se hace, queda el Sancto Oficio muy ofendido.

2. Luego que resciba su título, antes de usar de él, lo aceptará ante notario apostólico ó escribano real, y ante el mismo hará juramento de secreto y fidelidad, conforme á la minuta que será con ésta, y mostrará el dicho título al gobernador y cabildo eclesiástico, y secular, para que le tengan, tracten y conozcan por tal comisario y ministro de oficio tan sancto, y tenga mucha cuenta de no exceder de su comisión, la cual cumplirá mirando esta instrucción y otras particulares que se le envian acerca de cómo ha de rescibir las testificaciones, ratificar testigos, visitar los navios; y esto de mostrar el título á los cabildos, es una manera de buena correspondencia; pero no es necesaria ni es menester su licencia ni aprobación, y desto se advierte para que en el tal título de su comisión no permita poner otra refrendación ni permiso para usar de él.

3. Lo que más en la Inquisición se guarda con más rigor, como medio más preciso para el fin de descubrir y castigar delictos es el secreto, y asi se le encarga mucho lo guarde en lo que toca á estas instrucciones y en las demás que se le dieren y cartas que de negocios se le escribieren, y de todo lo demás que ante él, como tal comisario, pasare, y el mismo secreto hará guardar á todas las personas que denunciaren ó fuesen testigos ó se ratificaren en sus primeros dichos, y á las honestas personas que á las tales ratificaciones asistieren, mandando á los unos y á los otros que tengan secreto, so pena de exco-

munión y so cargo del juramento que para decir
sus dichos tienen hecho, y demás desto debe poner
otras penas pecuniarias ó corporales y encarescer á
los testigos cuan gran pecado es descubrir el secreto;
advirtiéndoles que en la Inquisición se castiga con
ejemplo, según fuere la calidad de la persona y del
negocio; y porque, estando tan lejos, conviene prevenir al remedio cuando alguno, por haber descubierto el secreto, incurriese en excomunión y él
mesmo viniese á pedir absolución acusándose de su
culpa, le absolverá con alguna penitencia espiritual
secreta, de ninguna nota ni infamia, remitiendo al
Sancto Oficio su propia denunciación, sin hacer acerca
de ella más diligencia, sinó fuese acerca de negocio
grave y en que el descubrir el secreto hobiese sido
de algún notable perjuicio ó infamia de alguna persona, que en tal caso rescibirá más información para
que en el un caso y en el otro, visto en el Santo Oficio, se provea con justicia lo que convenga, aunque
la parte, en lo que á la absolución toca, quede ab-
suelta.

4. Hase de tener particular cuidado de advertir á
los obispos, provisores, visitadores y vicarios, que
en las cartas generales y edictos de visitas no pon-
gan delictos de herejia, ni especie de ella, ni que tengan su sabor, porque Su Sanctidad tiene en si advocadas estas causas y delegadas al ilustrisimo señor
inquisidor general, y inquisidores por él diputados
en todos los reinos y señorios de Su Majestad, y así
de tal manera conoscen privative destos casos, que
otro alguno juez no puede conoscer, ni proceder á
hacer información, ni á otro algún articulo; y porque

de las visitas que hacen, suelen resultar culpas de que el Santo Oficio debe conoscer, se les advertirá que el tal caso deben remitir á la Inquisición con todo secreto, sin que la parte culpada lo entienda; y esto mesmo se ha de quitar de los titulos de los vicarios; y de las cabezas de procesos y comisiones que dan los obispos se ha de quitar el titulo de inquisidor ordinario, pues ya la jurisdicción que en estas partes hay en el delicto de la herejia, fuera de lo que á los indios toca, toda es apostólica; y si acerca del cumplimiento deste capitulo hubiese alguna dubda, diferencia ó dificultad, avisará con brevedad, sin hacer más diligencia de haber advertido con buen término y respecto, mayormente al prelado, al cual se le ha de tener mucho, sin que por la excepción del oficio se le pierda punto del obsequio reverencial que se le debe.

5. Algunas veces acontece que algún juez eclesiástico ó seglar hacen informaciones, ó ante ellos penden negocios del Sancto Oficio, y sobre que se abstengan del tal conoscimiento y entreguen los procesos suelen tener con los comisarios diferencias y ocasión de venir á razones, que pesan más después que lo principal: tendráse mucha cuenta de no formar esta competencia, ni que tal se entienda, y bastará decirles que no se entrometan en los tales negocios, y cuando todavia pasen adelante, hacerles con todo buen término un requerimiento *in scriptis* ante notario, y asentar su respuesta, y dar de todo aviso al Sancto Oficio.

6. En casos que también suelen acontecer de desobediencia y desacato ó impedimento y estorbo del

libre uso y recto ejercicio del Sancto Oficio, es menester estar prevenido para no se alterar ni prorrumpir en dicho ni hecho injurioso ni afrentoso á persona alguna, antes entonces se reportará y templará más, haciendo, por otra parte, con diligencia cumplida, información de todo, avisando también por su carta; y desta manera cualquiera desobediencia y desacato de juez ó de persona particular, será mejor, con más rigor y más justificación castigada, y la dilación que, visto el caso presente, parescerá dañosa, no lo será, como no lo es en los negocios de la Inquisición, que después de bien dormidos, despiertan con castigo más ejemplar.

7. Las denunciaciones que de las cosas contenidas en el edicto se han de recebir, ha de ser en su propia casa, en parte decente, secreta y cómoda, siempre de dia, si no hobiere precisa necesidad que sea de noche, y tractando á los que asi vinieren, con amor, y á cada uno según su calidad, evitando lo que fuere posible todo género de infamia de la parte.

8. En rescebir estas denunciaciones, no ha de haber dilación, antes mucho cuidado y diligencia, y lo mismo en examinar los contestes por el orden de la instrucción que para esto en particular se envia, sin exceder de ella, y el mesmo cuidado es más necesario en enviar las testificaciones á mucho recabdo.

9. Y porque es cosa muy ordinaria estar fuera de la ciudad algunos de los testigos que así han de ser examinados por contestes en lugares apartados, el mismo negocio dirá lo que se debe hacer si les ha de mandar parescer ante si ó no; y regularmente no hay para qué les hacer molestia de traerlos camino

largo, sino que se podrá cometer la tal información al cura ó vicario del lugar, dando fe el notario en la cabeza de la comisión de la facultad que para ello se da por este capitulo, y tal negocio se podrá ofrecer que el testigo se esperase y conviniese aguardarle para examinarle por su persona, lo cual se deja á su elección, porque teniendo el caso presente, arbitrará lo que más convenga, y si alguno, siendo llamado para negocio del Sancto Oficio, no viniere como es razón, mandársele ha por mandamiento *in scriptis*, poniéndole pena de excomunión y pecuniaria, si fuese desobediente, y de lo que en esto pasare, avisará en cada caso particular para que se castigue con ejemplo, según la calidad de la persona y la desobediencia.

10. Suelen hacer algunos estas denunciaciones por memoriales que envian firmados de sus nombres ó sin firmas ó por cartas misivas, y asi como están cuando lo escriben con libertad y en ausencia de juez y sin notario y sin juramento, alárganse en perjuicio de la honra de sus prójimos, y asi se debe mucho excusar el recebir tales cartas y memorias, mandando á los testigos que declaren con juramento lo que saben para descargo de su conciencia, y examinándolos acerca de ello, y si no se pudiere excusar de recebir la tal carta, hará asimesmo que la persona que la escribe parezca á jurarla y reconocerla ante notario, y á ser examinado acerca de ella, y escribiéndola de lejos, se podrá tener la orden del capítulo antes de éste.

11. También suelen algunos, movidos más de pasión que de otro algún buen celo, denunciar de otros,

diciendo que son confesos, y así inhábiles para traer seda, armas, andar á caballo y otras cosas que les son prohibidas por leyes y pragmáticas destos reinos é instrucciones del Sancto Oficio, como también verá en el edicto, y en este caso se tendrá gran cuenta de no rescebir las tales testificaciones sinó es de hijos y nietos de relajados ó hijos de relajada ó de los que ellos mesmos fueren reconciliados, de los cuales tres géneros de personas recebirá denunciación y la enviará al Sancto Oficio, sin proceder á prisión, prohibición, ni otra diligencia, antes tendrá gran secreto, y el mismo encargará á los testigos; de los demás de quien se denunciare que son confesos, como no sean en el grado dicho, no se escribirá palabra; antes á los testigos se les encargará el mesmo secreto, y con buen término les amonestará que cállen y no disfamen á sus prójimos, diciéndoles que por lo que ellos testifican no resulta culpa de que el Sancto Oficio conozca.

12. La cabeza de la información que contra alguno se hiciere ha de comenzar del dicho del primer testigo, sin poner, como en estas partes acostumbran los jueces ordinarios, que á su noticia ha venido, etc., poniendo primero el delicto que dicho de testigo alguno rescebido acerca dél, y asimesmo cuando deste Sancto Oficio rescibiere cartas de muchos capítulos para hacer averiguaciones en negocios diferentes, y contra muchas personas, sacará por cabeza de la información que en cada negocio hiciere el capítulo de carta que le tocare, autorizado de notario.

13. La prisión por el Sancto Oficio es cosa de mucha nota é infamia para la persona, y no de menos

12

daño y perjuicio para la hacienda, y asi se procede con mucho tiento, recato y justificación, y no se da esta mano á los comisarios, y asi no se deben ni pueden prender si no es cuando particularmente por mandamiento particular contra la persona que debe ser presa se les comete, y entonces deben mandar ejecutar el tenor del dicho mandamiento, sin exceder de él.

14. El delicto de casado dos veces es en esta tierra más frecuentado, y asi conviene que todos hagan acerca de él diligente inquisición y castigo, por lo cual si la justicia eclesiástica ó secular tuviere algún preso, y procediere en su causa, dejarlos ha hacer libremente justicia, sin poner en ello impedimento alguno, y si de gracia se lo remitieren, sin hacer para la tal remisión diligencia alguna, por su parte dirá que mucho enhorabuena y que ellos lo remitan y envien á este Sancto Oficio, á su costa ó á la del preso, si fuese posibilitado; y si todavia le instaren para que allá le reciba y envie por orden y á costa del Sancto Oficio, responderá que no tiene para ello orden nuestra; y si no contentos con esto, preguntaren si ellos allá le pueden castigar, responderá que ellos lo vean, y según derecho hagan justicia, y acerca desto no dará lugar á más razones.

15. Este capitulo se entiende habiendo las dichas justicias prevenido la causa, como dicho es, con prisión de la persona, porque si estuviese libre y por información de testigos constase de ambos matrimonios y de la vida de la primera mujer al tiempo del segundo, que es en lo que consiste el delito, prenderá y ejecutará la prisión que asi acordare, re-

mitiendo con el preso la información ó proceso original, dejando allá copia autorizada; y contra otros
casados dos veces contra quien no resulta tanta culpa, bastará enviar de los tales procesos ó testificaciones que se recibieren copias autorizadas, quedándo-
se con el original, avisando en particular del asiento
que el reo tiene, su calidad y posibilidad, para que
visto, se provea lo que convenga, y si viniese á esta
tierra dará aviso de ello, de manera que se sepa en el
Sancto Oficio en las primeras cartas que llegaren á
México, y también escribirá al comisario que en el
puerto de Acapulco residiese para que se prevenga
ausencia ó fuga que pueda hacer.

16. De todos los demás delictos contenidos en el
edicto general, recebida la denunciación y examinados los contestes por el orden de la instrucción, bastará enviar la tal información, sin proceder á prisión
ni otra diligencia, mas de avisar de la naturaleza y
calidad y posibilidad de la persona y raices que tiene en esa tierra, en ésta ó en España, y si á ésta hiciere viaje, para que con él se tenga cuenta conforme
á la calidad de su culpá.

17. Los procesos que de cosas tocantes al Sancto
Oficio remitieren otras justicias, fenecidos, sumarios
ó pendientes, hechos de oficio ó á instancia del fiscal ó entre partes, todos se entregan originales, sin
quedarse con traslado de cosa alguna, y asi lo jurará
la parte, notario apostólico ó escribano real que los
entrega; y porque algunas veces se entregan procesos que no pertenecen al Sancto Oficio, por el riesgo
que hay de perderse en la mar no los enviará, antes
vistos, si notoriamente constase no ser de casos de

Inquisición, los volverá á sus dueños, y de los que tuviere duda enviará relación de la culpa, y probanza y estado, si está sentenciado ó pendiente sumario ó rescebido á prueba, y de la calidad de la persona; y si de presente estuviese alguno preso, ó adelante se prendiese por el Ordinario, si fuere por dos veces casado ó por otros delitos, procederá con él conforme á los dos capitulos supra próximos; y no le habiendo de enviar preso, tampoco será justo que lo esté hasta que se vea su culpa, y asi lo podrá soltar debajo de fianzas ó con caución juratoria, si no las tuviere, mandándole con graves penas de excomunión, pecuniaria ó corporales, conforme á la calidad de la persona, que no salga de la ciudad, pueblos ó provincias, según fuere la culpa y tuviere los raices; y si la tal persona quisiere venirse á esta tierra, podrá venir debajo de las mismas fianzas ó caución que haga de se presentar en el Sancto Oficio, advirtiéndole primero que no haga el viaje si para otros negocios no le conviene, y asegurándole que en su ausencia se mirará su causa y honra tan bien como en presencia.

18. Habiéndose de hacer alguna prisión conforme á esta instrucción, habrá de ser de algún casado dos veces, conforme al capitulo 15, y en tal caso dará mandamiento, cometiéndolo, como de ordinario se suele cometer, á alguno de los familiares que en esa ciudad ha de haber, y mientras no los hay, y á falta, á la persona de quien más se fiare y de cuya limpieza tenga más satisfacción; y siendo necesario implorar auxilio de la justicia real, lo implorará y no de otra manera, y cuando así fuere necesario, no

ha de prender la justicia real sinó la persona á quien por el Sancto Oficio le fuere cometido, y solamente la justicia ha de asistir dando favor y ayuda á la tal persona, y para que den este auxilio basta solamente pedirlo con buen término y requerírselo, sin que sea necesario mostrar información, en lo cual estará muy advertido de no lo hacer, antes si alguno hobiese tan inconsiderado que la pidiese, se avisará menudamente de lo que en esto pasare.

19. Este auxilio están obligados á dar la justicia real, siéndoles pedido, sin por ellos llevar derechos algunos, ni alguacil ni escribano, y asimesmo tienen obligación de rescebir y tener en sus cárceles preso y á buen recaudo, al preso y dar cuenta dél, sin por ello llevar derechos de carcelaje, y asi lo advertirá cuando el caso se ofrezca, y lo requerirá, y siendo necesario, lo mandará con pena de excomunión, y pecuniaria, y asi no habrá para qué buscar otra cárcel particular ni que hacer costas de guardas, si la calidad de la persona y de la cárcel no pidiese otra cosa, y el delicto requiriese cárcel más particular y secreta, por el peligro que podria haber de que el preso comunicase su negocio con otras personas, lo cual se deja á su parecer, encargándole que en estas prisiones haya poco ruido y se excuse de todo escándalo.

20. Preso el reo, le despachará en la primera ocasión de navio que se ofrezca, haciendo dél cargo al maestre en el registro, y mandándole con penas, si fuere necesario, que lo traiga á buen recaudo hasta lo entregar en el puerto de Acapulco al comisario que alli reside, que tiene orden de lo que debe hacer,

y enviará de sus bienes, si fuere posibilitado, á lo menos cien pesos que meta en las cárceles para sus alimentos el tiempo que durase la prisión y costas que hubiere hecho en el camino, ó la cantidad que en sus bienes se hallare; y como estos casados dos veces es gente menos perniciosa, en caso de fuga se puede dispensar en dejarlos venir á presentarse debajo de fianzas bastantes, según fuere su calidad y posibles.

21. Secresto de bienes es de mucho prejuicio y más en las Indias donde todo el ser de las haciendas consiste en administración, y asi en ningún caso se debe proceder á él; antes la persona que viniere presa, dejará en su hacienda buen cobro, á su gusto, encargándola por inventario á persona de quien se confie, la cual haga obligación en forma como depositaria de los tales bienes y como que la parte presa por ocasión de su prisión se los deja su guarda, y de manera que no suene depósito ni secresto por el Sancto Oficio sinó contrato entre partes; y hecho esto, avisará muy en particular de la calidad de la persona, modo de vivir y posibidad y hacienda que tuviere, y habiendo alguna sospecha con fundamento que por su parte ó de la persona á quien dejare encargada la hacienda, con ocasión de la prisión se tractare de ocultar, disipar ó enajenar su hacienda, terná cuenta de no permitir la tal enajenación, ni otro algún mal recaudo de su hacienda, hasta que, vista su culpa en este Sancto Oficio, se provea lo que convenga á hacer secresto en forma, porque siempre se atiende á castigar el delicto teniendo la hacienda por accesoria, la cual se procura de apro-

vechar para quien la hubiere de haber cuando el reo salga de la prisión.

22. Dineros para los alimentos de los presos y costas del camino, según su calidad, ropa de cama, y vestidos, se toma todo de sus haciendas, y si no los hay, se venden los bienes menos perjudiciales hasta en la cantidad necesaria, en almoneda pública, ante notario ó escribano real; de la cual almoneda no ha de sacar cosa alguna persona que sea oficial ó ministro del Sancto Oficio por si ni por interpósitas personas, lo cual es general siempre que se venden bienes por el Sancto Oficio, secrestados ó fuera de secrestos, y esto de que bienes sean menos perjudiciales se acertará mejor comunicándolo con la parte, y con su parecer y voluntad.

23. Todo lo dicho hasta aqui de rescebir denunciaciones, remitir causas, presos, y procesos al Sancto Oficio, no se ha de entender con los indios, contra los cuales por agora no se procede, y se quedan á la jurisdicción del ordinario, y asi los procesos déstos no se han de remitir. De todas las demás causas de mestizos y mulatos, y españoles de cualquier calidad que sean, conoce el Sancto Oficio privative de los Ordinarios, como está dicho en el capitulo 4 desta instrucción.

24. Suélense leer edictos por el Sancto Oficio, asi el edicto general acerca de las cosas de la fe, como otros particulares para prohibir y recoger algunos libros, y el leer estos edictos es preheminencia del que sirve de notario, y siempre se hace en la iglesia catedral, donde dias antes se manda juntar al pueblo, con pena de excomunión, y hay

sermón, el cual se encomienda al predicador que hay de más letras, opinión y autoridad, y no lo ha de haber aquel dia en otra parte, y asi se avisa á los monasterios, y todo, asi el predicador como el dia se ordena por el Sancto Oficio, aunque es muy bien acordarlo con el prelado, y con su beneplácito, como no derogue lo que al oficio se debe, y aunque se pone pena de excomunión, no se tiene ánimo de ligar sinó á los que por menosprecio dejasen de acudir, á los cuales, denunciando su culpa, los absolverá con alguna penitencia espiritual secreta, no pecuniaria ni á la parte afrentosa, y á otros que por descuido, negligencia, ó por no advertir dejan de ir, despedirá con alguna blanda reprensión, asegurándoles la conciencia en lo que á la excomunión toca.

25. Todos los navios que llegan á los puertos, de cualquier parte que vengan, se suelen visitar por la Inquisición antes que por otro juez, y asi lo hará, hallándose en parte que lo pueda hacer, examinando los oficiales principales del navío por las preguntas que se le enviarán con esta instrucción, y si no lo pudiere hacer por su persona, lo cometerá, y enviará traslado de las preguntas al cura ó vicario que residiere en el puerto, y avisará qué puertos hay principales frecuentados de navios donde convenga haber persona con particular comisión nuestra, y qué personas hay á quien se la poder dar; y no habiéndose podido visitar el navio en el propio lugar del puerto, de necesidad habrán de venir á esa cibdad el capitán mayor ó escribano ó algunos pasageros; y asi mientras otra cosa más precisa se provee, los

examinará ahí, en lo cual importa mucho que no haya descuido, lo cual se entiende sólo en los navíos de españoles que aportaren de la tierra de Nueva España, Pirú, Panamá ó de la India de Portugal ó de otra parte.

26. Una de las cosas que más importa visitar en los navíos, es los libros, principalmente las cajas que vienen por cargazón, y así los oficiales reales y justicias de S. M. que residen en los puertos, sin abrir las dichas cájas ni sacar dellas libro alguno, las han de enviar al comisario de la Inquisición, el cual las ha de abrir y ver los libros por el catálogo general y tomar los que hallare prohibidos, y dar á sus dueños los demás; para lo cual hará notificar á los oficiales reales de esa cibdad y á los demás que residen en los puertos el mandamiento que será con ésta; y esto se entiende, no obstante que las dichas cajas de libros hayan sido visitadas por otra Inquisición.

27. El responder á las cartas que se le escribieren y avisar de lo que allá pasare será siempre que viniere navío.

28. Ultimamente, se encomienda mucho el ver esta instrucción, la cual aunque sea tan cumplida, previniendo á todo lo que puede subceder, bien se entiende que lo que de ordinario acontece, con pocos capítulos della estaba proveído, y así el mayor trabajo será mirarla bien la primera vez y tener entendido que cualquier caso de duda está decidido, como será muy necesario estando tan lejos; y con esto y con la satisfación que se tiene de su persona, prudencia y buen celo, confiamos se acertará en todo.—Dada

en México, primero de Marzo de mill y quinientos y ochenta y tres años.—*El Licenciado Bonilla.—El Licenciado Santos García.—*Por mandado de los señores Inquisidores.—*Pedro de los Ríos.*» [1]

1. Libro 763, folios 170 y siguientes.

ÍNDICE

---•◦•---

CAPÍTULO I

CAPÍTULO II

CAPÍTULO VI

CAPÍTULO VII

CAPÍTULO VIII

CPSIA information can be obtained at www.ICGtesting.com
Printed in the USA
LVOW01s0312260814

400825LV00016B/650/P